드럼 필인 대사전 413

New Edition

Rhythm& Drums magazine

스가누마 미치아키 지음・연주
Michiaki Suganuma

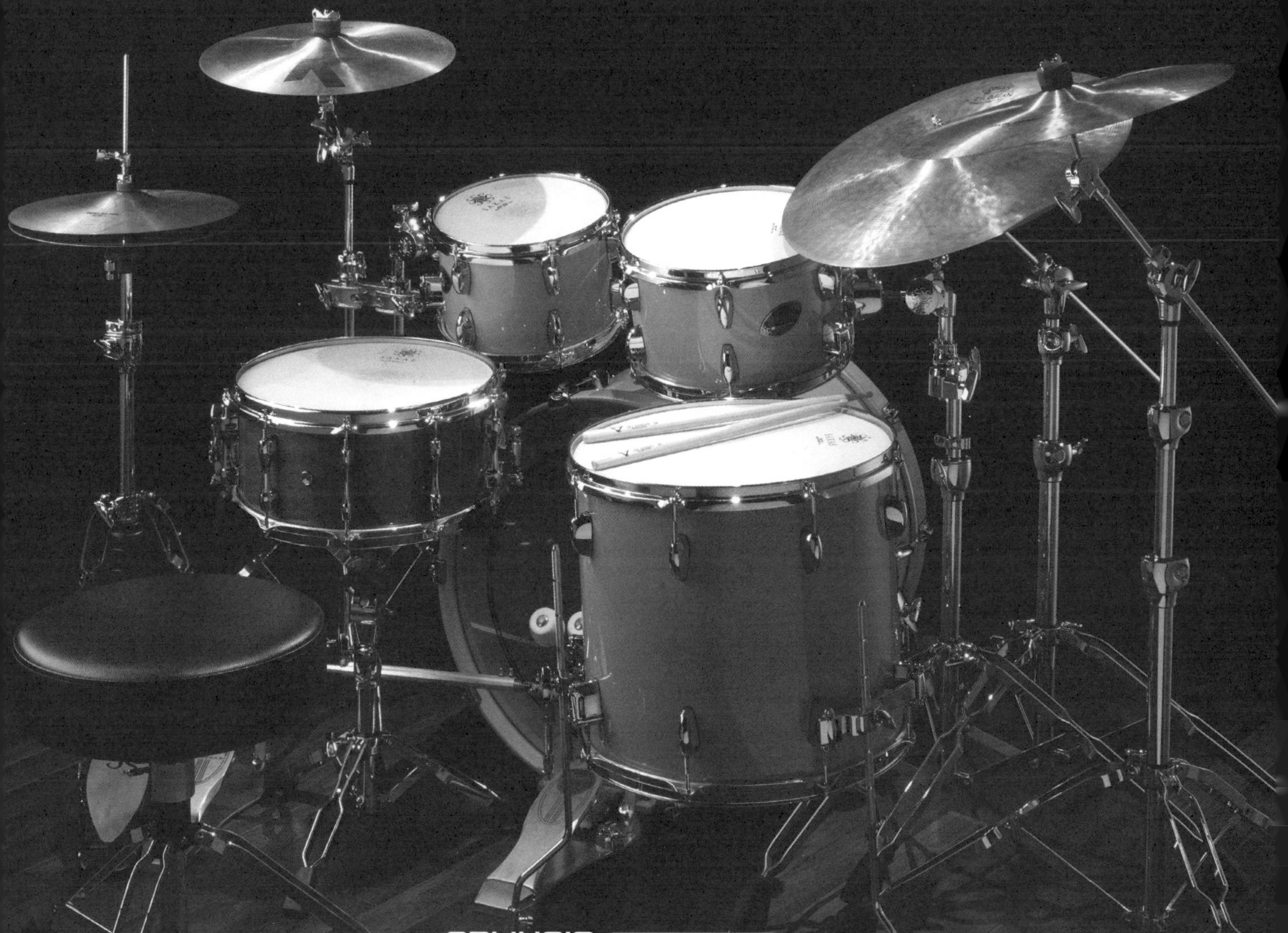

SRMUSIC www.srmusic.co.kr

CONTENTS 드럼 필인 대사전 413 *New Edition*

*이 책은 박의 길이별로 장을 나누어 필인을 소개하고 있다. 악보에 빗금이 표시된 부분은 리듬 패턴이 들어가는 곳이다. 모범연주 동영상에는 각각 임의의 패턴이 수록되어 있다. 모범연주 동영상에서는 주로 이 책에 수록된 악보 예를 반복해서 연주하고 있지만, 일부는 반복하면서 페이드 아웃 되는 경우도 있다. 참고로, 서장의 악보 예는 모범연주 동영상에 수록되어있지 않다.

머리말

이 책은 필인 프레이징(프레이즈를 만드는 방법)에 대해 길이별로 해설하고, 실제 연주를 바탕으로 기획된 교본이다. 초보자를 포함하여 중, 상급자까지 모든 레벨에서 도움이 되는 내용을 담고 있다. 필인 프레이즈는 그 수가 너무나도 많기 때문에 모두 망라하기란 불가능하다. 따라서 이 책에서는 어느 정도 베리에이션을 제시해주고, 그 프레이즈의 특성별로 항목을 만들어 필인을 만드는 아이디어를 명확하게 설명하고 있다. 결과적으로는 드러머 각자가 자신만의 필인을 만들 수 있도록 되어있다.

각 장은 필인의 박자별 길이로 나뉘어져 있다. 처음부터 ('1박 프레이즈'부터) 순서를 따라 진행하면 그 장의 내용이 다음 장으로 이어지는 구조로 되어있으므로 짧은 필인부터 이해하면서 진행하도록 하자. 각 항목의 설명 중에는 '걸기', '유니트형', '샌드위치 방식' 등 이 책에서만 사용하는 용어가 몇 가지 등장한다. 중간부터 읽으면 그 용어의 의미를 알 수 없을 수 있다. 우선은 순서대로 읽으면서 내용을 파악하기 바란다. 모범연주 동영상에 수록된 각각의 프레이즈는 평범한 미들 템포를 중심으로 하고 있다. 각자가 템포를 바꿔가면서 연주해보자.

스가누마 미치아키

모범연주 동영상, 음원 이용방법

이 책에서 소개되는 필인 413 가지의 모든 프레이즈는
저자가 직접 연주한 모범연주 동영상과 음원을 통해 확인할 수 있습니다.

모범연주 동영상

모범연주 동영상을 시청하실 때에는 오른쪽 QR코드를 스마트폰으로 스캔하여 YouTube 페이지에서 시청하시면 됩니다. 또는 브라우저에 URL을 입력해서 시청하실 수 있습니다.

URL https://www.rittor-music.co.jp/r/3122217112/0

모범연주 음원

모범연주 음원은 다운로드해서 재생할 수 있습니다.
오른쪽 QR코드를 스마트폰으로 스캔하여 다운로드하거나, 서울음악출판사 홈페이지 (www.seoul-music.co.kr) '부록파일 다운로드' 게시판'에서 다운로드 할 수 있습니다.

URL https://www.seoul-music.co.kr → '부록파일 다운로드' 게시판

[주의사항]
* 이 책의 음원을 Twitter나 Facebook 등의 SNS에 공유하지 말아주세요.
* 음원 데이터는 개인적인 사용만 가능하며, 영리목적의 사용은 금지되어있습니다.

서 장

필인의 기초

우선은, 필인 연주 준비에 효과적인 트레이닝을 소개한다.
이 장에서 소개하는 기본 연습을 해두면 다양한 필인 연주에 도움이 될 것이다.

필인의 기본 컨트롤

Intro 01-01 » 스틱 컨트롤① ~체인지업 트레이닝~

일정한 템포에서 길이를 바꾸는 연습이다. ①, ②는 8분음과 16분음을 전환하는 연습이다. 각각의 음을 일정한 타이밍으로 연주하기 위해서는 스틱 스트로크를 멈추지 않는 것이 포인트다. 16분음보다 8분음을 크게 휘두르는 느낌으로 연주하자. 음량은 일정하게 유지될 것이다. ③은 4분음과 셋잇단음의 체인지업으로 4분음은 1타마다 스틱을 멈춘다.

Intro 01-02 » 스틱 컨트롤② ~16분음 베리에이션 트레이닝

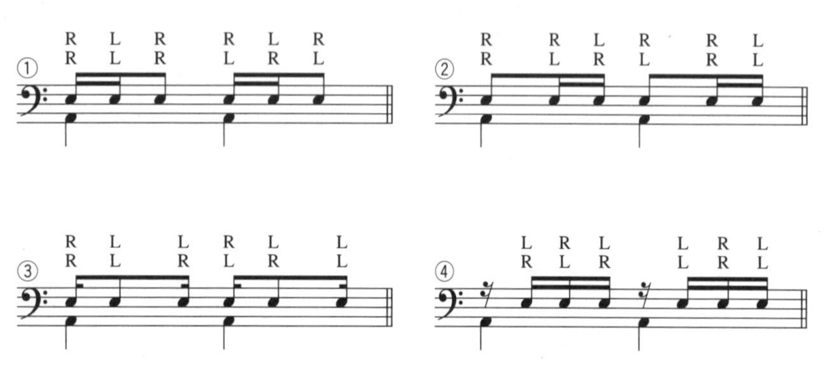

①'타카탕', ②'탕타카', ③'타탕타', ④'우타타타'의 음형 연습이다. 악보에 표기된 손의 순서는 각각 위의 것이 기본이며 아래는 얼터네이트(좌우교대연주)다. 프레이즈에 따라서는 기본 순서보다 얼터네이트로 연주하는 편이 더 효율적인 경우도 있으므로 두 가지 모두 연습해두자. 위에 표기된 기본 순서에서 ①, ②는 오른손, ③, ④는 왼손이 일정하게 연주를 한다.

Intro 01-03 » 스틱 컨트롤③ ~악센트 & 고스트 노트 트레이닝

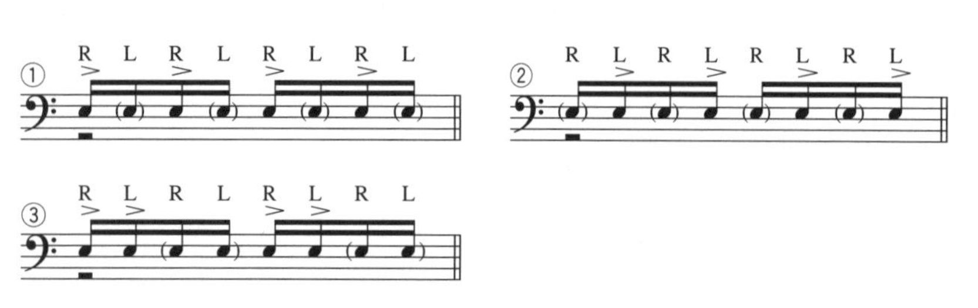

악센트(일반적인 스트로크)와 고스트 노트(매우 약한 스트로크)를 사용해서 강약을 주는 연습이다. ①은 오른손, ②는 왼손에만 악센트를 넣어 일정한 타이밍으로 강약을 준다. ③은 악센트가 좌우에서 연속되는 형태다. 악센트를 준 후, 스틱을 때리는 면 가까이에서 멈추고 다음의 고스트 노트로 연결시키는 것이 포인트다.

 ## 스틱 컨트롤④ ~악센트와 더블 스트로크의 고스트 노트 트레이닝

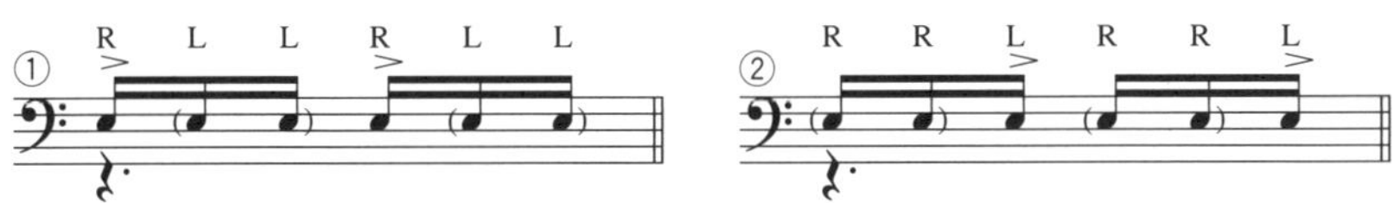

싱글 악센트와 더블 스트로크의 고스트 노트 콤비네이션 연습이다. ①은 오른손, ②는 왼손이 악센트이며 그 반대손이 더블 고스트 노트다. 더블 스트로크가 악센트에 이끌려 음량이 커지지 않도록 일정한 타이밍으로 연주할 수 있도록 하자.

 ## 손발 콤비네이션 트레이닝

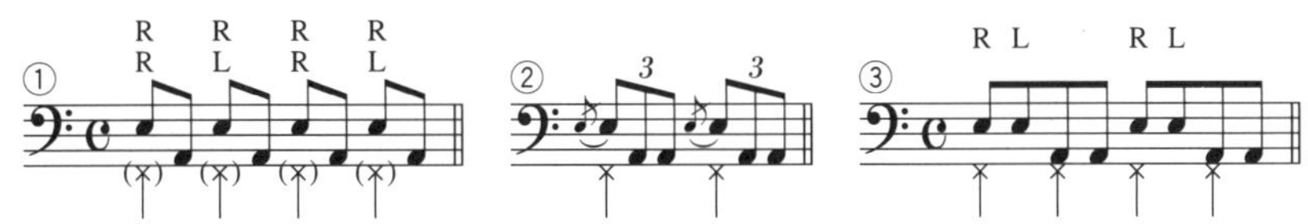

악보 예①은 기본적인 손발 콤비네이션 연습으로, 손발을 얼터네이트(교대)로 움직인다. ②, ③은 킥을 더블로 밟는다. 손은 표기된 순서대로 연주한다. 왼발의 4분음 유지는 손발 밸런스에 중요한 역할을 하므로 가능한 밟도록 하자.

필인의 기초 Intro 02

집중력을 길러주는 '주사위 놀이 방식' 이동 트레이닝

 ## 스네어를 기점으로 하는 탐 이동

이 연습은 주사위 놀이처럼 스네어를 기점으로 오른쪽으로 돌면서 3개 이동했다가 하나 되돌아오는(왼쪽으로 돈다) 이동 트레이닝이다. ①의 이동은 2타, 2타, 4타로 진행된다. 이동방법과 타수가 제한된 상태에서 세트 안을 이동하는 것이다. ②, ③은 그 타수를 바꾼 형태다. 이동과 타수를 동시에 의식하면서 연주하므로 집중력이 길러진다. 특히 ③은 3타의 이동이 포함되어 순서가 바뀌므로 집중력이 필요하다.

필인 프레이즈를 바꾸는 애드리브 트레이닝

Intro 03-01 » 랜덤으로 왼손을 추가하는 필인 만들기

악보 예①의 오른손만 이동하는 프레이즈가 기본형이다. 이 오른손 8분음에 왼손을 랜덤으로 추가한다. 왼손을 추가한 부분은 16분음이다. 4가지 파트 중 어디에 왼손을 추가할 것인가를 애드리브 하는 것이 포인트다. 리듬 패턴을 연주하면서 필인을 바꿀 수 있도록 하자. ②~⑤는 프레이징 예이며, 각자가 왼손을 넣는 파트의 수도 직접 정해보자. 필인의 애드리브 능력을 높이는 연습이다.

마 무 리

기초 연습을 통해서 이동의 집중력과 애드리브 능력을 기르자!

여기서 소개된 스틱 컨트롤과 손발 콤비네이션은 비교적 심플하다. 하지만 필인 프레이즈를 위해서는 필수적인 요소들이다. 이동의 집중력과 애드리브 능력을 기르는 연습은 특히 초보자가 중점적으로 하면 효과가 크다.

Drum Fill-In Encyclopedia 413

4분음에 의한 4박째 강조형 (♪♩)

01-01 » 마치는 느낌을 주는 양손 플램 4분음 필인
Tempo **110**　Number **001**

플램(양손으로 연주)에 의한 4분음 필인으로 심플하게 끝나는 느낌을 준다. 백 비트 스네어 악센트와 일치하기 때문에 양손의 타이밍을 아주 살짝 어긋나게 연주하는 것이 필인 효과를 내는 포인트다.

01-02 » 음이 두터워지는 스네어 & 플로어 탐 동시 연주
Tempo **110**　Number **002**

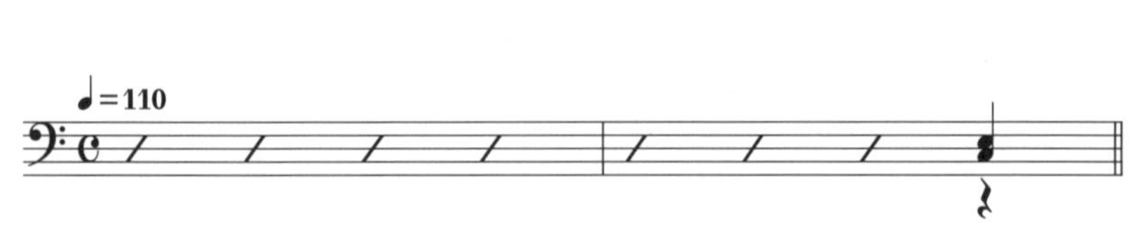

스네어와 플로어 탐을 4분음으로 동시에 연주한다. 스네어 플램보다 음색이 두터워지며, 침착하게 끝나는 느낌도 있다. 4분음 필인은 음색에 상관없이 리듬 패턴의 3박째 뒷박에서만(8분음으로) 킥을 밟으면 필인 효과가 높아진다.

01-03 » '연결'을 만들어내는 스네어 & 하이햇 오픈
Tempo **110**　Number **003**

스네어와 하이햇 오픈에 의한 4분음 필인으로, 패턴과의 연결성이 좋다. 오픈은 다음 박자 시작부분까지 늘인다. 일반적으로 필인 뒤의 1박째는 크래시를 연주하는 경우가 많지만, 이 경우는 하이햇 클로즈로 연결시켜도 효과적이다.

01-04 » 연결을 매끄럽게 해주는 베이스드럼 삽입형
Tempo **110**　Number **004**

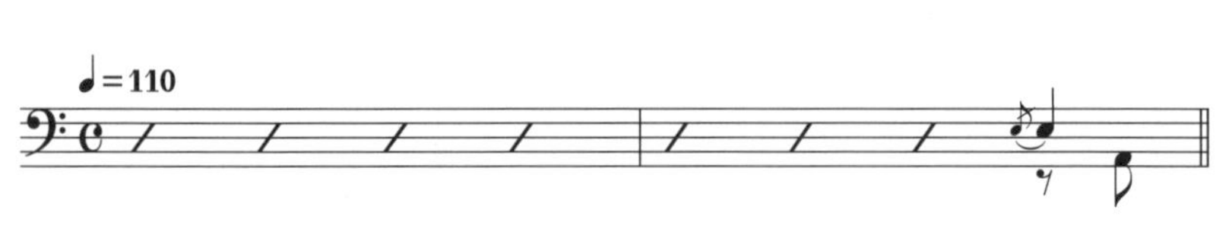

4분음 플램 뒤에 킥을 추가한 형태다. 이 킥은 보조적인 역할이라 생각하면 된다. 다음 마디의 시작부분에서 크래시를 때리는 경우에 연결을 더욱 매끄럽게 하는 역할을 한다. 이 킥은 버릇처럼 넣는 경우도 많다.

 베이스드럼(킥) 효과를 주는 협조형　Tempo **110**　Number **005**

10페이지에서 4분음 필인 앞(3박째)에서 킥의 뒷박 연주를 넣는 편이 좋다고 했는데, 이 프레이징은 그 베이스드럼 효과를 더욱 강조한 것이다. 하이햇(또는 라이드)은 3박째 시작부분에서 멈추는 편이 베이스드럼 효과를 높일 수 있다.

 플램 앞뒤에 베이스드럼　Tempo **110**　Number **006**

4분음 플램 필인 앞뒤에 킥을 추가한 어프로치. 이렇게 연주하면 베이스드럼 쪽이 좀 더 주역이 되는 느낌이지만, 킥은 역시 4분음 연주의 보조적인 역할을 한다. 포인트는 베이스드럼을 어디에 넣느냐에 따라서 프레이즈의 느낌이 달라진다는 것이다.

8분음 백 비트 연타형()

 백 비트 2연타　Tempo **110**　Number **007**

4박째, 백 비트에서 2연타 하는 프레이징이다. 여기서는 앞에서와 마찬가지로 플램으로 필인의 효과를 높이고 있다. 플램은 양손의 타이밍을 어느 정도 어긋나게 하느냐에 따라서 그 효과도 달라진다. 느린 템포에서는 좀 더 크게 어긋나게 하자.

 하이햇 오픈을 사용한 예　Tempo **110**　Number **008**

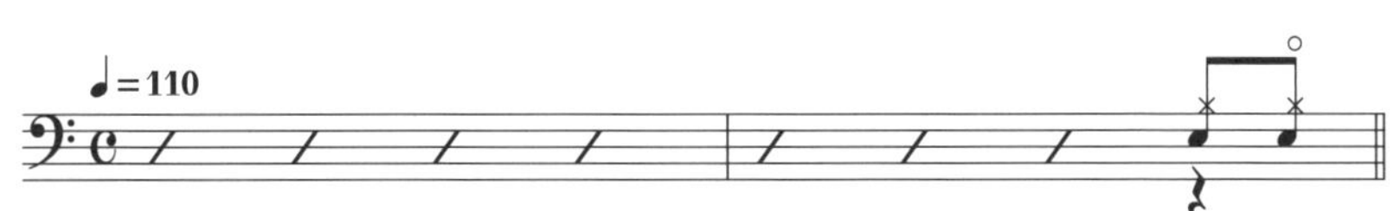

리듬 패턴과의 연결성이 좋은 하이햇 오픈 어프로치의 필인이다. 4박째 뒷박 오픈 하이햇은 패턴 안에서 많이 연주되며, 사용하기에 따라서는 작은 필인으로 기능하기도 하지만, 이 경우에는 그 작용을 강조했다.

02-03 » 플로어 탐을 8분음 뒷박에 넣은 어프로치

Tempo 110   Number 009

8분음 뒷박을 플로어 탐으로 연주한 프레이징으로, 4분음 뒤에 베이스드럼을 추가하는 어프로치와 비슷하다. 손으로 연주하므로 '8분음 필인' 항목에 넣었다. 다음 마디로 좀 더 매끄럽게 연결된다.

02-04 » 플램 연주와 탐 이동의 1박

Tempo 110   Number 010

플램으로 시작해서 탐을 이동하는 형태의 필인이다. 탐을 사용한 프레이즈는 멜로디감을 향상시켜준다. 이러한 이동이 스네어를 포함해 오른쪽으로 돌아간다면 파트 선택은 자유다. 반대로 왼쪽으로 돌아가면 손 이동에 방해를 받을 수 있다.

02-05 » 16분음을 사용한 '걸기' 예

Tempo 110   Number 011

이 프레이징의 아이디어는 4박째에 나오는 8분음 필인 앞에 16분음 뒷박의 '걸기' 어프로치를 추가한 것이다. 3박째 오픈 하이햇은 그 연결을 매끄럽게 하는 수법이다. '걸기'가 포인트다.

1박 & 1박반 프레이즈

03

8분음 뒷박에 의한 슬립형 (♪)

03-01 » 8분음을 어긋나게 하는 슬립형

Tempo 110   Number 012

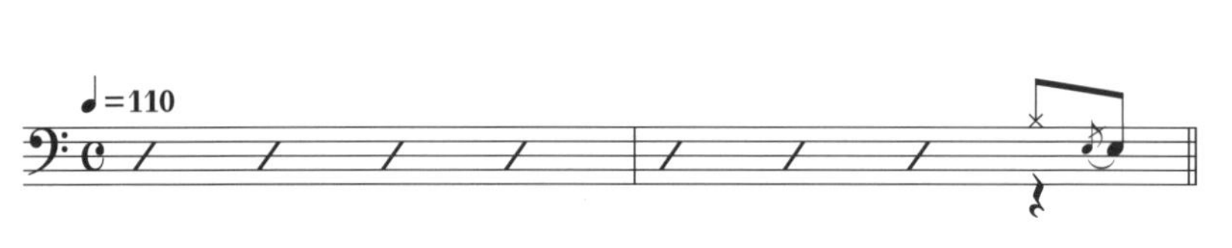

4박째 스네어의 백 비트를 8분음 뒤로 이동시켜 어긋나게 한 '슬립형' 프레이징이다. 백 비트가 슬립해서 본래 위치에서 어긋나 패턴이 크게 변화하며, 동시에 필인 효과도 강해진다.

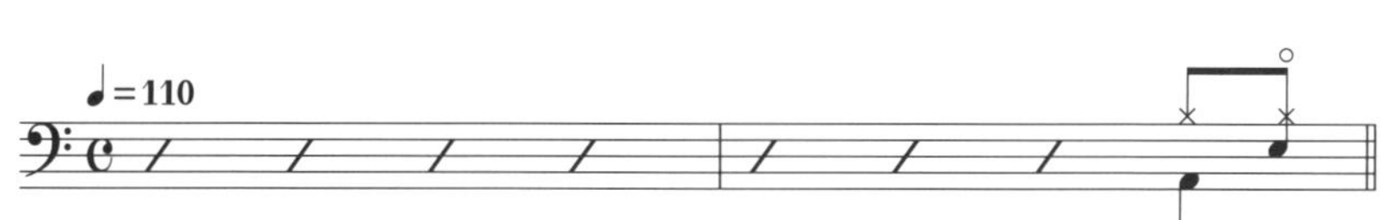

슬립한 스네어 부분에 오픈 하이햇을 추가한 형태. 베이스드럼이 심플하게 4분음을 유지하는 패턴과 특히 궁합이 좋다. 이것은 4박째 시작부분에서 베이스드럼을 연주하기 때문으로, 필인과 베이스드럼의 관계가 포인트다.

04

1박 & 1박반 프레이즈

16분음형 '타카타카' (♪♪♪♪) 연타

모범연주 동영상

Number 014-018

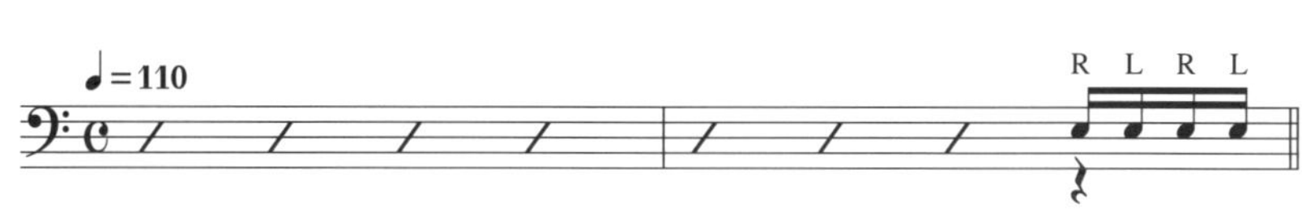

'타카타카' 프레이즈의 기본형. 연주순서는 당연히 RLRL로, 오른손이 리드하는 얼터네이트 스티킹(교대 연주)이다. 16분음 연타는 필인의 꽃으로, 그 베리에이션은 다양하다. 긴 필인의 마무리로 사용할 때 효과적이다.

2타씩 스네어에서 탐으로 이동하는 프레이즈. 16분음의 필인에서는 2타씩 이동하는 것이 일반적이다. 이밖에도 탐에서 탐으로, 탐에서 플로어 탐으로의 이동도 가능하다. 다양하게 시도하면서 연주해보자.

스네어부터 오른쪽으로 돌며 세 파트를 세트로 이동하는 어프로치다(스네어, 탐, 플로어 탐). 트윈 탐의 네 파트 세트로도 플레이가 가능하며, 멜로디면에서도 안정감을 주는 프레이징이다. 플로어 탐 대신에 2번째 탐(세컨드 탐)을 사용해도 된다.

04-04 » 스네어 → 탐 → 스네어로의 이동

Tempo **110** Number **017**

스네어에서 탐으로 이동한 후, 다시 스네어로 돌아오는 프레이징. 1타씩 따로따로 이동하는 형태다. 언뜻 보기에는 이동이 어려워 보이지만 마지막에 스네어로 되돌아오므로 다음 마디로의 연결이 비교적 편한 것도 특징이다. 익숙해지면 버릇처럼 사용하는 사람도 많다.

04-05 » 탐에서 스네어로의 이동 예

Tempo **110** Number **018**

탐에서 스네어로 이동하는 형태. 시작 부분에 사용하는 파트는 탐이나 플로어 탐 중에서 어느 것이라도 좋다. 스네어 이외의 파트에서 시작하는 것이 포인트로, 2박 이상 긴 필인의 시작으로도 효과적이다.

16분음형 대표① ~ '타카탕' (♪♫♪)

05-01 » 16분음의 대표적인 '타카탕' 기본형

Tempo **110** Number **019**

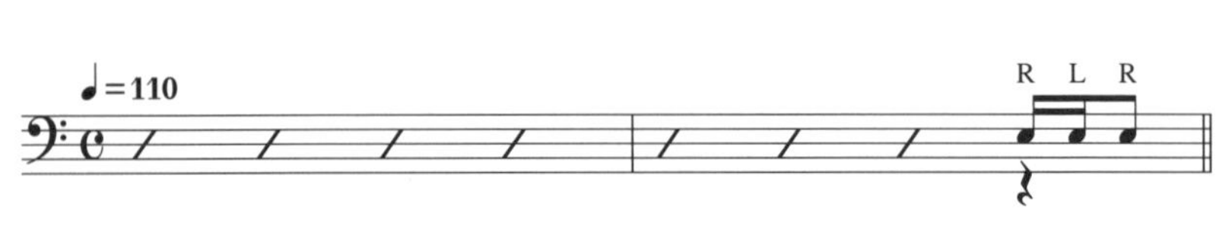

16분음 베리에이션 중에서도 대표적인 '타카탕' 프레이즈. 안정적으로 마치는 느낌을 준다. 8분음의 성격도 있기 때문에 다음 박자로의 매끄러운 연결도 쉽다는 특징을 가지고 있다. 기본은 오른손 리드지만 왼손 리드로도 가능하다.

05-02 » 탐으로 끝나는 '타카통'의 대표적인 예

Tempo **110** Number **020**

마지막에 탐으로 이동하는 가장 많이 들을 수 있는 어프로치다. 1박 필인은 물론 2박 이상의 긴 필인 마지막 프레이즈로도 많이 사용된다. 이것도 기본적으로 오른손이 리드하지만, 4분음 하이햇과 함께 LLR 순서로 연주하는 사람도 있다.

꾸밈음 '러프'를 더한 어프로치

Tempo **110**　Number **021**

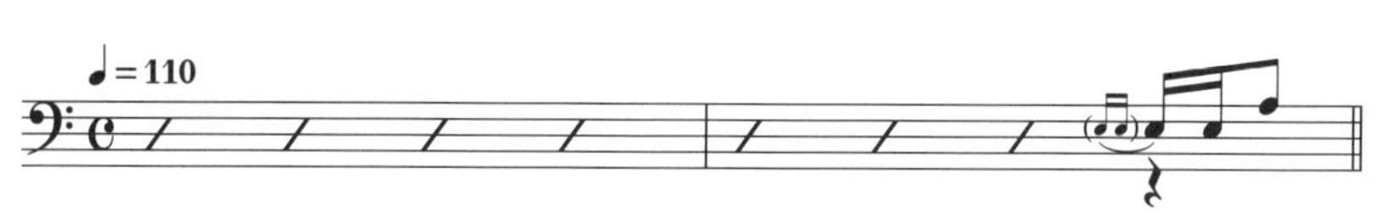

'타카통' 프레이즈에 '러프'라는 꾸밈음을 추가한 어프로치다. 이것은 루디먼트에서 사용하는 앞꾸밈음으로, 왼손을 '타랏' 하고 가볍게 튕겨서 필인 프레이즈로 연결시킨다. 많은 경우에 버릇처럼 사용하며, 필인의 도입이 매끄럽게 들린다.

박자 시작에 플램을 넣은 예

Tempo **110**　Number **022**

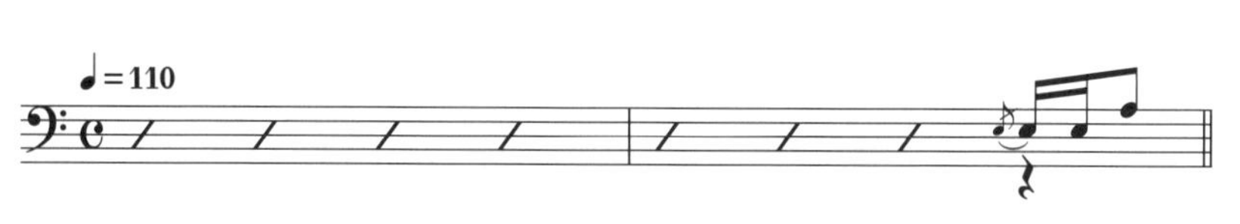

이 필인도 '타카통' 프레이즈의 베리에이션으로, 박의 시작을 플램으로 연주한 것이다. 플램으로 연주하므로 소리가 달라지며, 연주순서가 양손 → 왼손 → 오른손이 되어 빠르게 연주하기도 어려워진다. 왼손 연타를 신속하게 하는 것이 포인트다.

오른쪽으로 도는 탐 이동

Tempo **110**　Number **023**

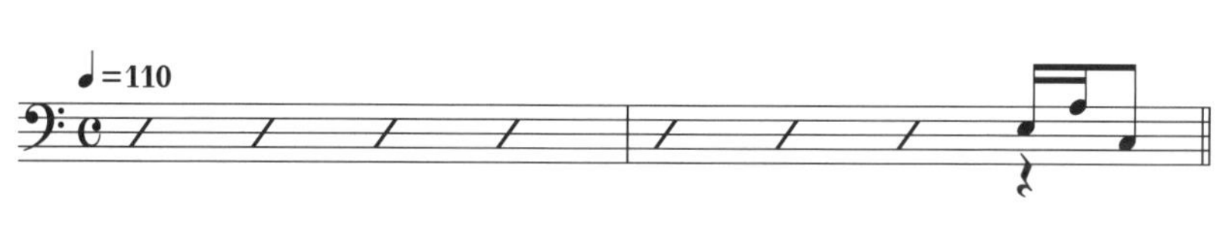

스네어에서 오른쪽 3가지 파트로 이동하는 어프로치다. 플로어 탐 대신에 세컨드 탐을 사용해도 된다. 드럼 세트에서 이동하기 쉬운 오른쪽으로 도는 프레이징으로, '타카통' 프레이즈와는 다른 멜로디의 흐름을 느낄 수 있을 것이다.

오른손 리드의 왼쪽으로 도는 탐 이동

Tempo **110**　Number **024**

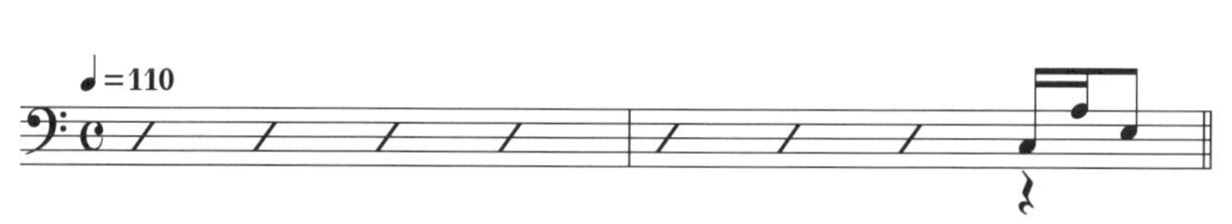

05-05를 반대로 돌린 어프로치. 순서는 오른손 리드지만 프레이즈감이 완전히 다르다. 음정이 아래에서 올라오는 느낌으로, 사용하기에 따라서 좋은 효과를 발휘할 것이다. 왼쪽으로 돌기 때문에 어색하게 느껴질 수도 있다.

탐만으로 '타카탕'

Tempo **110**　Number **025**

탐만 사용한 프레이징으로, 스네어만 연주하는 것과는 사운드가 다르다. 특히 옛날 로큰롤에서는 이렇게 탐만을 사용한 필인을 많이 볼 수 있다. 아이디어 중 하나로 기억해두면 좋을 것이다.

05-08 » 마지막에 킥으로 마치는 어프로치

Tempo 110 Number 026

마지막 1타를 킥으로 바꾼 프레이징. 4분음 필인과 마찬가지로 베이스드럼을 효과적으로 사용한 프레이즈의 좋은 예다. 4박째 뒷박까지 하이햇을 유지시켜도 좋지만, 하이햇을 빼면 필인의 효과가 더욱 높아진다.

05-09 » 하이햇 오픈을 활용한 예

Tempo 110 Number 027

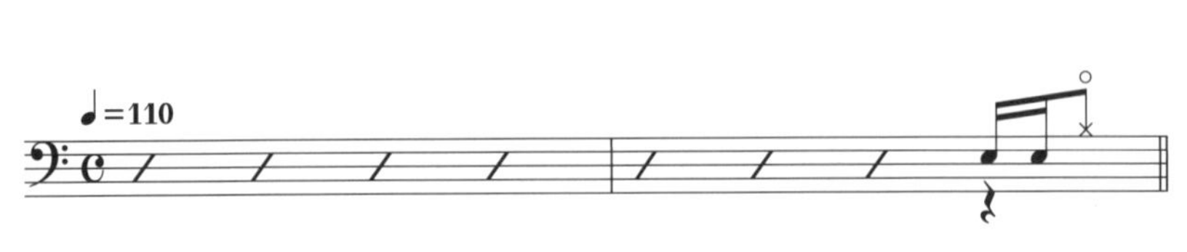

프레이즈가 끝나는 마지막 1타를 오픈 하이햇으로 바꾼 형태로, 다음 박으로의 연결을 의식한 어프로치다. 이후에 크래시가 아닌, 클로즈드 하이햇으로 연결시켜도 효과적이다. 오픈 하이햇에 킥을 더하면 또 다르게 들릴 것이다.

1박 & 1박반 프레이즈 06

16분음형 대표② ~ '탕타카' ()

모범연주 동영상

Number 028-035

06-01 » 16분음의 대표적인 '탕타카' 기본형

Tempo 110 Number 028

16분음 베리에이션 중에서 또 하나 대표적인 '탕타카' 프레이즈다. '타카탕'과 비교하면 더욱 리드믹한 느낌으로, 다음 박으로의 연결에 스피드감도 강해진다. 기본적으로 RRL로 연주하며, 경우에 따라서는 LRL이 되는 경우도 있다.

06-02 » 양손으로 연주하는 4박째 백 비트

Tempo 110 Number 029

리듬 패턴의 흐름을 따라가다 보면 이렇게 4박째의 백 비트를 양손(스네어와 하이햇)으로 연주하는 경우도 많다. 이것도 '탕타카' 음형의 특징으로, 패턴의 흐름으로 보면 마지막에 '타카' 하고 양손 16분음 연타를 넣어 음형태가 완성된다.

 탐으로 백 비트를 살리는 형태   Tempo **110**   Number **030**

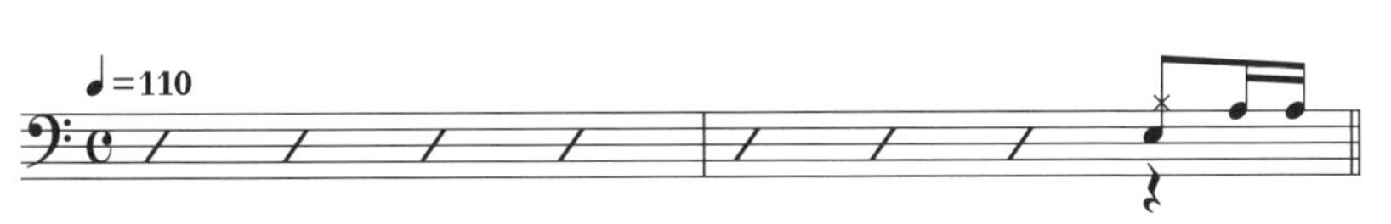

이전 패턴과 마찬가지로 리듬 패턴의 흐름을 따라서 연주하는 형태다. 스네어 대신에 탐을 사용한 프레이즈로, 16분음 2음은 어떤 파트를 연주해도 좋으며, RL의 연주순서라면 파트의 이동도 가능하다. 이것도 백 비트를 살려주는 수법 중 하나다.

 탐에서 스네어로의 이동 프레이즈   Tempo **110**   Number **031**

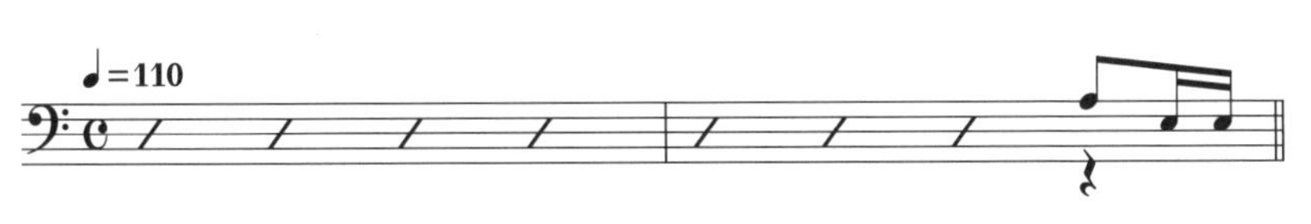

탐에서 스네어로 이동하는 프레이징이다. 앞에서 소개한 '타카통' 프레이즈의 반전형이라고도 할 수 있다. '타카탕'과 '탕타카' 프레이즈는 형제 같은 관계로 리듬이 반전되어있으므로 이동 프레이즈도 반전형이 되는 경우가 많다.

 하이햇 오픈으로 시작   Tempo **110**   Number **032**

오픈 하이햇으로 시작하는 프레이즈다. 4박째에 베이스드럼을 연주하느냐 하지 않느냐에 따라서 프레이즈의 느낌이 달라진다. 오픈 하이햇으로 인해 백 비트가 슬립하는 듯한 효과도 있다.

 킥을 16분음으로 거는 패턴   Tempo **110**   Number **033**

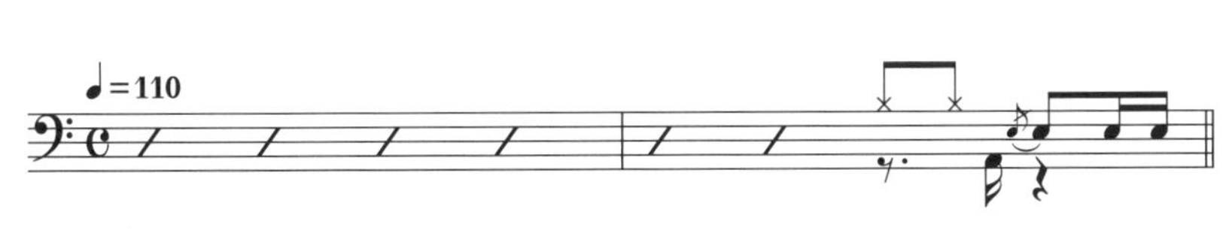

킥을 16분음으로 거는 형태의 프레이징으로, 1박 필인 앞에 킥을 넣는 것과 같은 효과다. '탕타카'의 시작부분에서 플램을 하는 것도 킥의 효과를 높여주는 역할을 한다. 이처럼 킥을 넣은 방법은 다른 1박 필인에서도 효과적이다.

 하이햇 오픈 & 16분음 걸기   Tempo **110**   Number **034**

하이햇 오픈 & 16분음 걸기 프레이징이다. 이 수법도 8분음 및 16분음 필인 베리에이션에 효과적이다. 2박에 걸쳐서 하나의 프레이즈 느낌이 생기는데, '1박+α'의 형태로 이해하는 것이 좋다.

06-08 » 마지막에 오픈 하이햇을 넣은 프레이즈
Tempo 110 Number 035

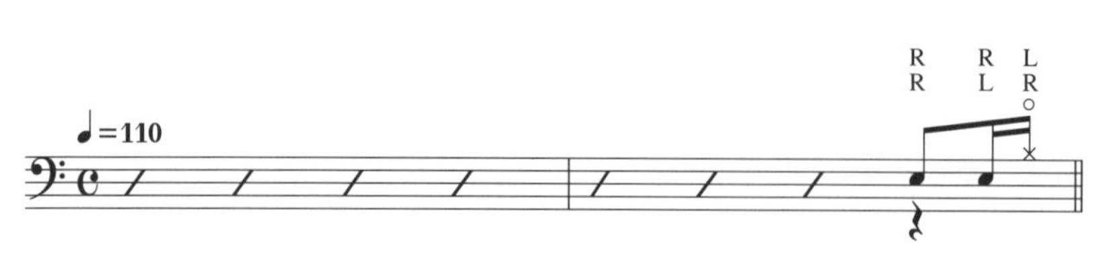

마지막이 오픈 하이햇으로 되어있는 프레이즈로, 16분음 오픈의 강한 임팩트가 포인트다. 킥을 다음 박 시작에서 연주하면 오픈 하이햇이 더욱 강조된다. 연주순서는 악보 예와 같이 몇 가지가 있다.

1박 & 1박반 프레이즈 07
16분음형 '타탕타'
모범연주 동영상
Number 036-041

07-01 » 통통 튀는 리듬감을 가진 프레이즈
Tempo 110 Number 036

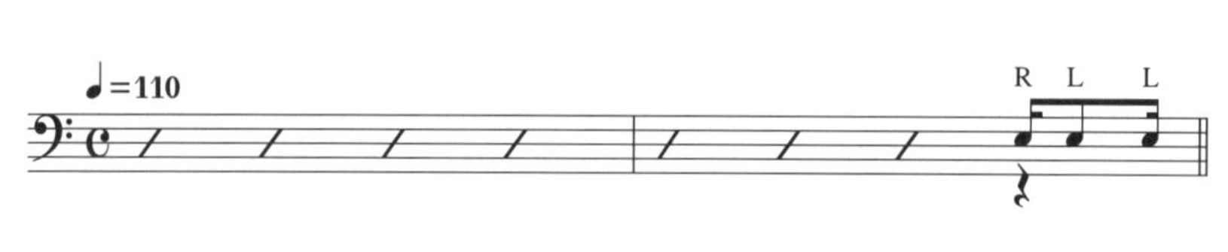

통통 튀는 듯한 독특한 리듬감을 가진 음형태. RLL로 연주하면 다음 박 시작에서 오른손이 되므로, 이 순서는 익숙해질 때까지 연습이 필요하다. 리듬에 개성이 강해서 필인의 임팩트가 높다. 순간적으로 정확하게 연주하기에 어려운 면이 있는 음형태다.

07-02 » 스네어에서 탐으로 이동하는 패턴
Tempo 110 Number 037

스네어에서 탐으로 이동하는 프레이즈. 기본적으로는 RLL의 순서지만, 왼손 리드의 LRL로도 연주할 수 있다. 두 가지 모두 마지막에 왼손으로 끝나므로 각자가 더욱 자연스럽게 연주할 수 있는 순서를 선택하자. 연주순서와 프레이징에는 밀접한 관계가 있다.

07-03 » 2타째에만 탐을 연주하는 어프로치
Tempo 110 Number 038

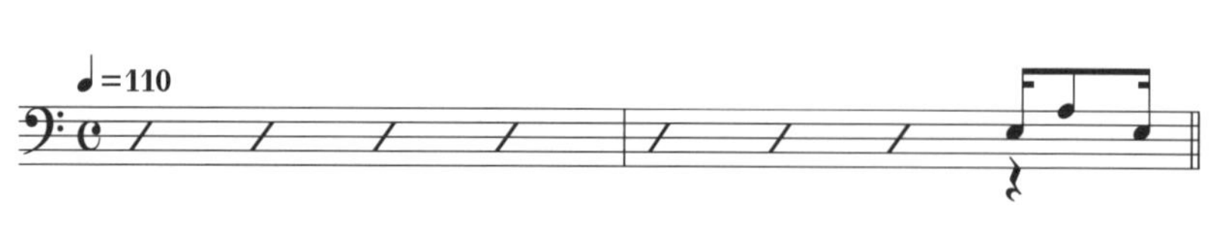

2타째에만 탐으로 이동하는 프레이징이다. 연주순서는 RLL과 LRL의 2가지가 있다. RLL은 왼손이 탐과 스네어를 이동하므로, LRL 쪽이 연주가 편할 수도 있다. 리듬을 담은 움직임을 어필하기 좋은 프레이즈다.

 ## 2타째에 오픈 하이햇을 넣은 프레이즈

Tempo 110　Number 039

'타탕타' 음형 특유의 어프로치로, 2타째에 오픈 하이햇을 넣은 '타치이타' 프레이즈다. 하이햇 오픈을 좌우 어느 손으로 연주하느냐에 따라서 전체의 연주순서가 달라진다. 어느 손으로도 연주할 수 있도록 하자.

 ## 오픈 하이햇을 넣은 '타치이치이' 패턴

Tempo 110　Number 040

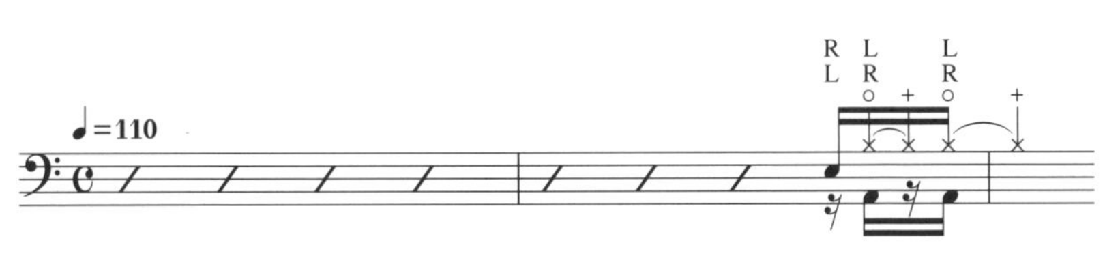

이것도 오픈 하이햇을 넣은 필인으로, 오픈 하이햇이 연속되는 '타치이치이' 프레이즈다. 16분음으로 싱커페이션 하는 형태다. 다음 박 시작부분은 클로즈드 하이햇만 때리고, 베이스드럼과 크래시는 연주하지 않는다.

 ## 2타째에 킥을 넣은 예

Tempo 110　Number 041

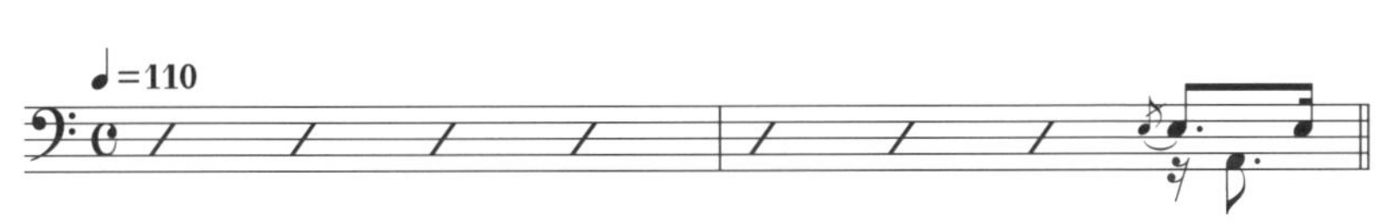

'타탕타'에서 2타째에 킥을 넣은 프레이즈. 1박을 더욱 강조한 느낌이다. 마치는 부분의 스네어는 왼손으로 때린다. '타치이타' 프레이즈(07-04)와 함께 스피디한 느낌을 내기 좋은 필인이므로 기억해두자.

1박 & 1박반 프레이즈

08 셋잇단음을 사용한 셔플 계열

모범연주 동영상

Number 042-045

 ## 스네어 셋잇단음

Tempo 120　Number 042

셋잇단음으로 구성된 1박 필인이다. 16분음과 달리 기본적으로 왼손이 리드한다. 리듬 패턴과의 연결에서도 8비트와 셔플 비트에는 차이가 있다. 따라서 연결도 포함해서 익숙해질 때까지 연습이 필요하다.

08-02 » 셋잇단음에서 2타째를 뺀 어프로치

Tempo **120**　Number **043**

셋잇단음에서 2타째를 뺀 프레이즈로, 이 경우는 4박째의 백 비트를 양손으로 연주할 수 있다. 하이햇을 오픈으로 하면 필인의 효과가 더욱 강해진다. 셔플 비트의 흐름을 따르는 프레이즈다.

08-03 » 셋잇단음에 1음을 더한 예

Tempo **120**　Number **044**

셋잇단음에 앞의 음을 하나 더한 4연타 프레이즈다. 3박째 뒷박에서 필인이 시작되며, RLRL의 순서로 16분음을 때리는 느낌으로 연주할 수 있어 많이 사용된다. 오른손 타이밍에 신경 쓰면 매우 편리하다.

08-04 » 셋잇단음 '타카통'

Tempo **120**　Number **045**

16분음 필인의 대표격인 '타카통' 프레이즈의 셋잇단음 버전이라고 할 수 있다. 기본대로라면 LRL이지만 16분음처럼 RLR로 연주할 수 있도록 연습해두면 필인으로 사용하기 쉬워진다. 크래시로는 오른손을 신속하게 이동시킨다.

1박 & 1박반 프레이즈 09

체인지업 효과가 높은 여섯잇단음형

09-01 » 여섯잇단음의 기본형

Tempo **100**　Number **046**

여섯잇단음 필인은 셋잇단음 계열의 리듬뿐만 아니라 8비트, 16비트에서도 체인지업 효과(순간적으로 가속하는 리듬감)를 높이기 위해 사용된다. 오른손이 리드하면서 스피드에 대응하는 연습도 필요하다.

 2타씩 이동하는 여섯잇단음 프레이즈   Tempo **100**　Number **047**

여섯잇단음은 짝수와 홀수 모두의 성질을 가지고 있으므로, 이처럼 2타씩 이동하는 프레이즈도 많이 사용된다. 이것은 세 파트를 이동하는 프레이즈이며, 네 파트의 경우에는 오른쪽으로 이동해도 된다.

 여섯잇단음을 '절반'만 사용한 어프로치   Tempo **100**　Number **048**

여섯잇단음을 절반만 사용한 프레이징으로, 8분음으로 마치는 형태. 여섯잇단음의 스피드감과 8분음의 마치는 느낌을 함께 가지고 있다. 2타씩 다른 파트로 이동해도 좋다. 독특하게 마치는 느낌이 이 프레이즈의 포인트다.

 마지막에 킥을 넣은 프레이즈   Tempo **100**　Number **049**

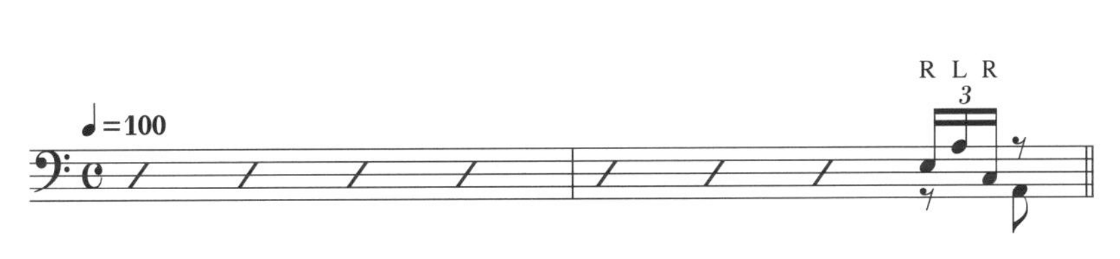

09-03 프레이즈의 마지막 8분음을 킥으로 바꾼 필인. 양손의 이동, 그리고 킥과의 콤비네이션이 포인트다. 체인지업 효과도 있다. 시작부분의 스네어를 조금 약하게 때리면 매끄러운 스피드감을 낼 수 있다.

1박 & 1박반 프레이즈
10
8분음을 더한 1박반

모범연주 동영상

Number 050-060

 8분음 하나를 더한 리듬 패턴형   Tempo **110**　Number **050**

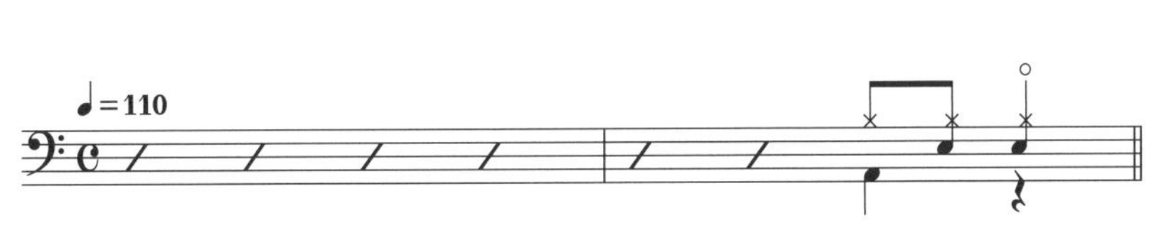

4박째 백 비트 앞에 8분음을 하나 더한 리듬 패턴형의 필인. 백 비트에 오픈 하이햇을 더해 필인 효과를 높였다. 이 '우타탕'의 음형태는 8비트에서 특히 많은 활약을 한다.

10-02 » 플램으로 연타를 강조한 패턴

Tempo **110**　Number **051**

‘우타탕’ 형태의 필인. 플램으로 이 연타를 강조한 어프로치. 4박째 뒷박에 킥을 더하면 다음 박으로의 연결이 더욱 매끄러워진다. 마치는 느낌을 줄 것인가에 따라서 선택적으로 연주하면 좋다.

10-03 » 스네어와 플로어 탐의 3연타 - 8비트의 대표적인 형태

Tempo **110**　Number **052**

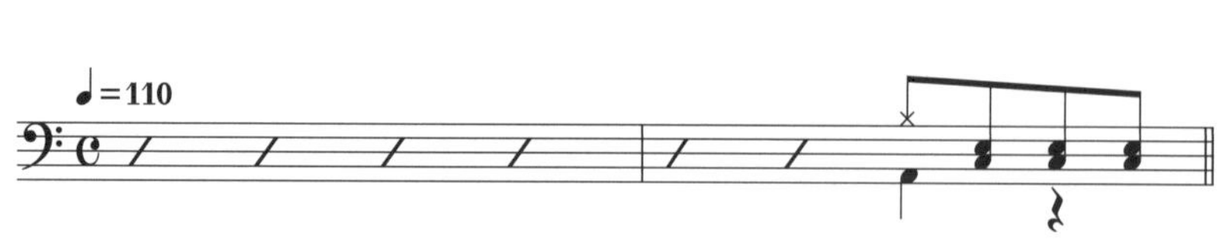

이것도 8비트의 대표적인 프레이징으로, 스네어와 플로어 탐을 3연타 하는 필인이다. 매우 안정감이 느껴지지만, 템포가 빨라지면 연주하기 힘들어진다. 그런 경우에는 스네어만 연주해도 좋다.

10-04 » 8분음 + ‘타카통’

Tempo **110**　Number **053**

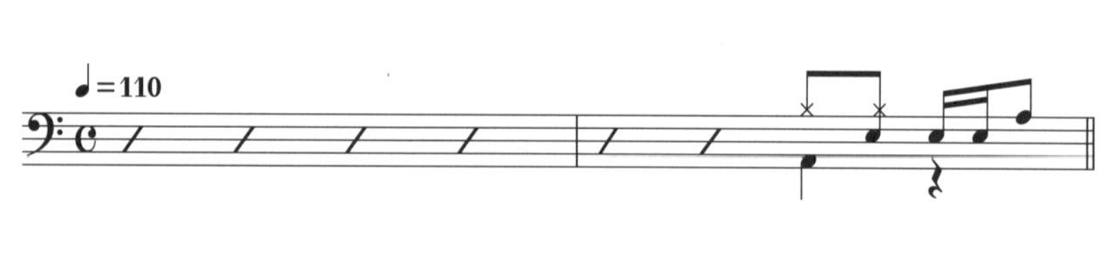

‘타카통’ 프레이즈 앞에 8분음을 더한 패턴. 3박째까지 하이햇(또는 라이드)을 유지시키는 것이 포인트다. 하이햇의 경우는 3박째 뒷박을 오픈으로 해도 효과적이다. 4박째는 16분음 계열의 다양한 프레이즈를 대입시켜도 좋다.

10-05 » 악센트 이동을 포함한 어프로치

Tempo **110**　Number **054**

10-04 프레이즈 3박째를 악센트 이동으로 바꾼 것이다. 16분음 고스트 노트(매우 약한 샷)가 더해져서 독특한 스피드감을 낸다. 16분음을 연주하는 느낌이므로 버릇처럼 사용하는 경우도 많은 패턴이다.

10-06 » ‘탕타카’의 악센트 이동형

Tempo **110**　Number **055**

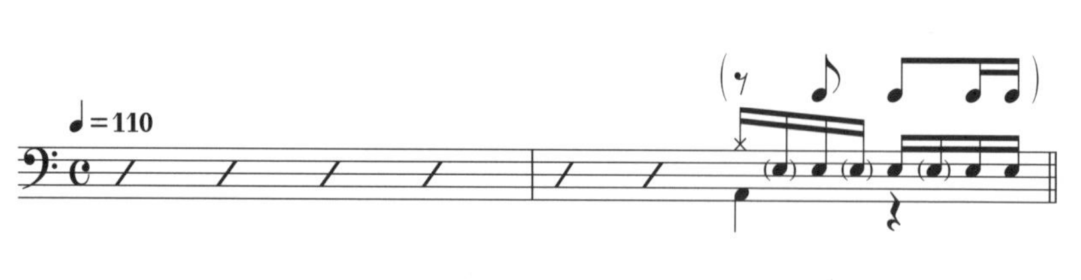

이것도 악센트 이동형 어프로치로, 4박째 프레이즈를 ‘탕타카’로 바꾼 것이다. ‘탕타카’ 부분에도 스네어의 고스트 노트가 포함되어 있다. 왼손 고스트 노트가 3번 연속된다.

 3박째 뒷박에 플램을 더한 어프로치   Tempo **110**   Number **056**

3박째 뒷박을 플램으로 연주하는 프레이즈. 발라드, 바운스하는 16비트 등의 다양한 리듬에서 응용 가능하고 편리한 패턴이다. 이것을 '타카탕' 프레이즈처럼 범용성 높은 이동방법으로 연주하는 것도 포인트다.

 8비트의 대표적인 음형태 + '탕타카'   Tempo **110**   Number **057**

10-04(Ex-053 음형태)에서 4박째를 '탕타카' 프레이즈로 바꾼 형태. 이 경우는 4박째 시작부분까지 하이햇 등을 연주할 수 있다. '탕타카' 음형의 특징이기도 한 흥겨운 리듬을 살린 프레이즈다.

 16분음 시작부분을 뺀 '우타탕'   Tempo **110**   Number **058**

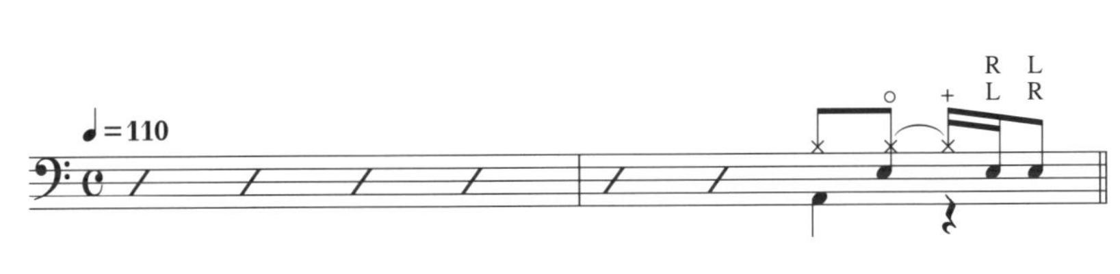

4박째 16분음의 시작부분을 뺀 '우타탕' 음형의 프레이즈. 이 음형은 필인에서 다른 음표와 연결해서 사용하면 효과적이며, 이 1박반 프레이징 자체로도 위력을 발휘할 수 있다.

 스네어에서 플로어 탐으로 이동하는 '우타탕'   Tempo **110**   Number **059**

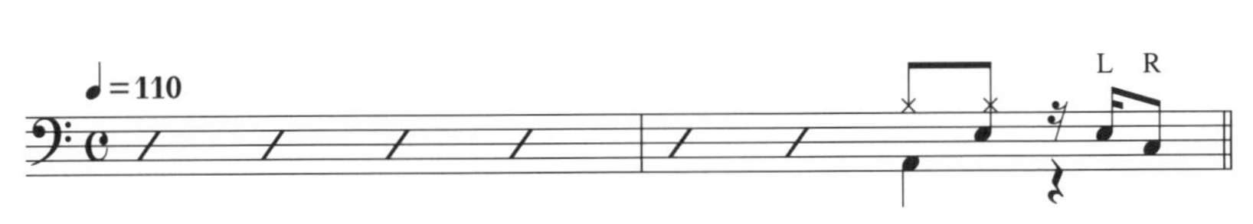

'우타탕' 음형이 스네어에서 플로어 탐으로 이동한다. 이 경우 연주순서는 LR이 된다. '우타탕' 음형태는 사용되는 상황에 따라서 RL과 LR 모두 가능하다. 시작부분이 빠진 16분음이므로 기본적으로는 LR의 순서다.

 '타카타동' 음형태의 체인지업 프레이즈   Tempo **110**   Number **060**

여섯잇단음 절반의 음형을 사용한 체인지업. 스피드감이 느껴지는 멋진 프레이즈다. 양손을 신속하게 이동시키는 것이 포인트로, 플로어 탐과 베이스드럼이 겹쳐지지 않아야 한다.

1박 & 1박반 프레이즈 11

16분음 연타를 넣은 1박반

모범연주 동영상

Number 061-065

11-01 » 박의 경계에서 이동하지 않는 16분음 연타

Tempo **110**　Number **061**

16분음 연타를 더한 1박반 프레이즈. 16분음 6연타이므로 다양한 이동이 가능하다. 하지만, 박의 경계에서는 이동하지 않아야 한다. 이처럼 박의 경계를 이동 포인트로 삼지 않는 것도 베리에이션을 늘리는 비결이다.

11-02 » '탕타카' 연속의 1박반 감각의 프레이즈

Tempo **110**　Number **062**

이 악보 예는 '탕타카'가 연속되는 프레이즈로 하이햇 오픈으로 시작되는 1박반 감각의 프레이즈다. 박의 뒷박에서 스네어 16분음 연타가 이어지는 것이 특징으로, 들썩이는 흥겨운 분위기의 리듬과 잘 어울리는 어프로치다.

11-03 » 하이햇 오픈 연속 프레이즈

Tempo **110**　Number **063**

연속으로 하이햇 오픈을 하는 프레이징으로 '타치이, 타치이'라는 같은 음형을 반복한다. 여기서는 이 필인 프레이즈의 맛을 부각시키기 위해 바운스하는 16비트 형태로 연주했다.

11-04 » 4박째에 '타탕타'를 넣은 패턴

Tempo **110**　Number **064**

'타탕타' 프레이즈를 4박째에 넣은 필인으로, 이 음형에 의해 리듬감각도 크게 달라진다. 연주순서는 기본대로 RLL이지만, 3박째부터 연결된다는 생각으로 RLRL+L(필인 부분)로 연주하면 난이도가 낮아진다.

프레이즈 마지막에 크래시를 때린다. 이 크래시가 연타를 하는(다음 마디로 이동할 때) 프레이징은 4박째가 16분음으로 끝나는 형태라면 어떤 패턴에서든 사용할 수 있으며, 8분음으로 마치는 필인에서도 같은 어프로치가 가능하다.

12. 1박 & 1박반 프레이즈

드래그 효과를 이용한 1박반

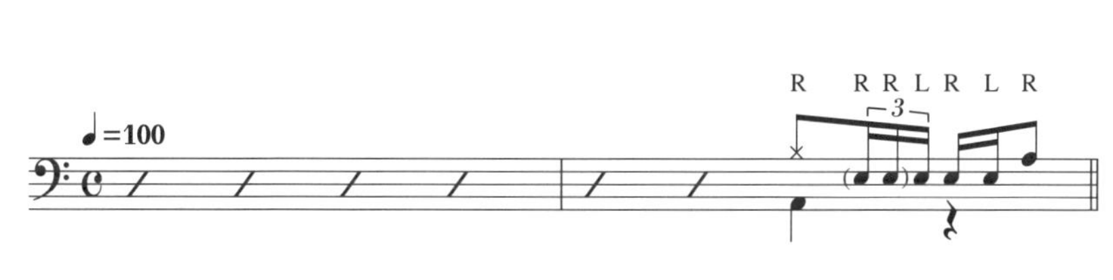

'타카통' 프레이즈에 연결되는 드래그(꾸밈음)를 사용한 프레이징이다. 드래그는 '끌고 가다'라는 의미로 더블 스트로크의 롤과 같은 효과를 의미한다. 오른손 작은 더블 스트로크가 포인트다.

이것도 드래그를 더하는 방법 중 하나로 킥, 플로어 탐, 스네어를 조합한 복합적인 어프로치다. 4박째 프레이즈가 필인의 메인이라 생각하고, 3박째 뒷박은 조금 약하면서도 빠르게 연주하는 것이 요령이다.

1박 & 1박반 프레이즈

13 싱커페이션 마무리로 이어지는 필인

13-01 » 탐을 더한 심플한 8비트형

Tempo 110　Number 068

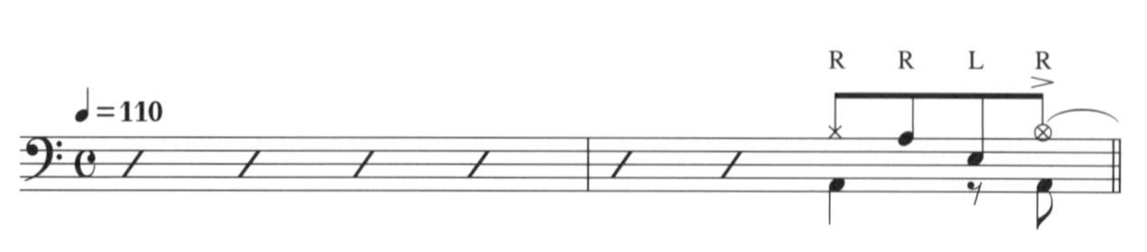

싱커페이션으로 연결되는 심플한 8비트형 필인. 백 비트를 살리는 탐을 추가했을 뿐이지만, 싱커페이션을 도입시켜서 필인 역할을 하고 있다. 3박째 뒷박의 파트 선택은 자유다.

13-02 » 16분음 연타를 더한 싱커페이션 도입형

Tempo 110　Number 069

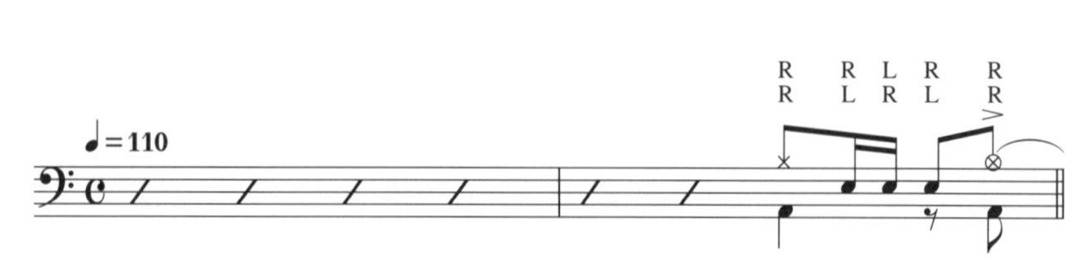

16분음 연타를 해서 싱커페이션으로 도입시키는 필인으로, 연주순서는 악보 예처럼 2가지가 가능하다. 8분음 필인보다 스피디해져 필인으로써의 효과도 높아진다. 빠른 템포에서는 드래그 같은 효과도 낼 수 있다.

13-03 » 싱커페이션으로 연결되는 최소단위의 필인

Tempo 110　Number 070

16분음 필인 & 싱커페이션. 싱커페이션으로 연결되는 필인으로서는 최소단위의 프레이즈라 할 수 있다. 단순히 백 비트에서 크래시로 이어지는 형태와 비교한다면 이것은 제대로 된 필인이다.

13-04 » 기세를 더해주는 16분음 4연타

Tempo 110　Number 071

16분음 4연타 필인(음으로 채운다)이라는 의미에 딱 맞는 프레이즈다. 마무리에 힘을 더해주는 심플한 패턴이다. '타카타카' 음형의 프레이즈 이동을 그대로 응용할 수 있다.

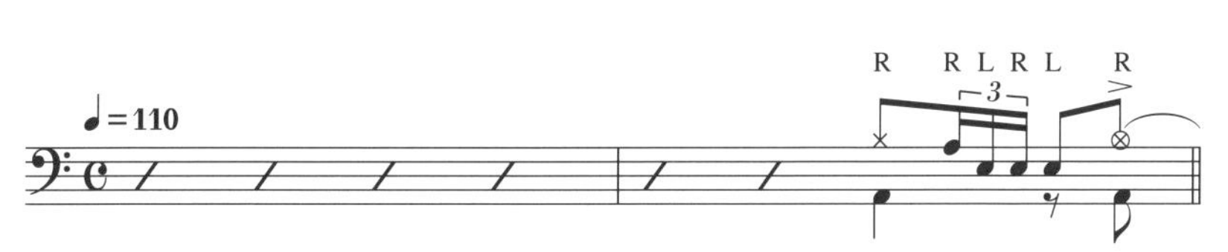

여섯잇단음(의 절반을 사용)이 들어가 드래그의 경향이 강한 프레이즈다. 느린 템포에서는 체인지업 같은 효과, 빠른 템포에서는 드래그 같은 효과를 내주며, 각각 필인으로서의 프레이즈 느낌도 달라진다. 싱커페이션으로 연결시키지 않아도 효과적이다.

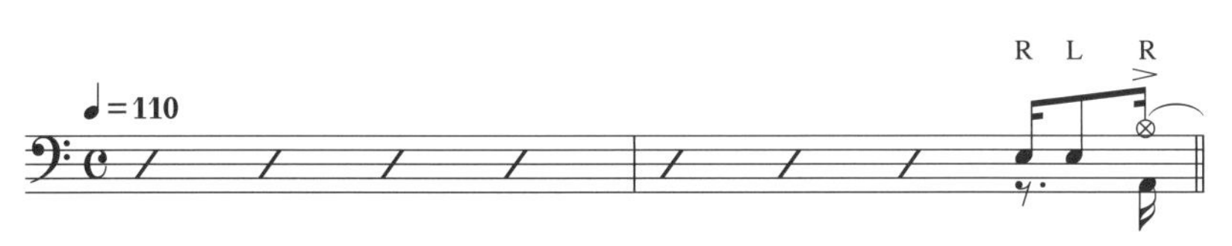

16분음 싱커페이션으로 연결되는 1박 필인이다. '타탕타' 음형은 이러한 상황에서 필인으로 많이 사용된다. 크래시 대신에 하이햇 오픈으로 깔끔하게 마무리하는 경우도 많은 어프로치다.

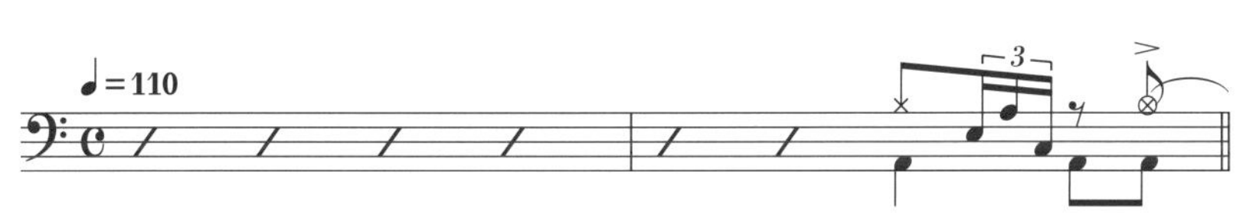

'타카타동' 프레이즈의 응용으로, 싱커페이션으로 연결시키는 도입 필인으로도 잘 맞는다. 싱커페이션 앞, 2박 이상의 긴 필인의 마무리로도 사용할 수 있다. 용도가 다양한 프레이즈다.

1박 & 1박반 프레이즈 14 — 다양한 응용형 프레이즈

모범연주 동영상

Number 075-083

레게 비트에서 많이 사용되는 수법으로, 스네어 오픈 림 샷에 의한 4분음 필인이다. 클로즈드 림 샷을 하는 패턴에서는 이 1타의 '카아앙' 하는 높은 음 사운드가 필인 역할을 한다.

14-02 » 스틱 투 스틱 재즈 어프로치
Tempo 140　Number 076

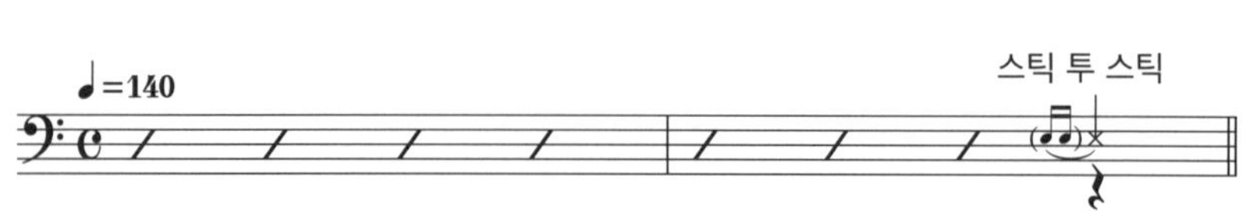

재즈에서 전통적으로 사용되는 스틱 투 스틱이라는 주법을 사용한 4분음 필인이다. 이 주법은 왼쪽 스틱을 때리는 면에 대고 그 스틱을 오른쪽 스틱으로 때려 클로즈드 림 샷 같은 소리는 낸다.

14-03 » 뒷박에 넣는 효과적인 하이햇 오픈
Tempo 120　Number 077

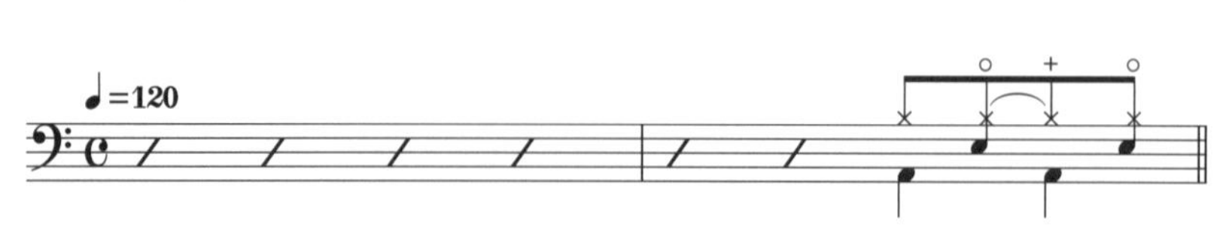

악보 예는 살짝 독특한 3, 4박째의 뒷박에 오픈 하이햇이 들어간 프레이즈다. 패턴 변화형 필인 중 하나라고 볼 수도 있으며, 미들 템포 8비트에서 특히 효과적이다.

14-04 » 여섯잇단음에서의 이동
Tempo 90　Number 078

느릿한 템포와 바운스하는 리듬에서 효과를 발휘하는 여섯잇단음 이동에 의한 필인이다. 포인트는 이동 방법이다. 빠르게 이동하면 프레이즈에 움직임이 생긴다. 오른쪽으로 돌면서 이동하는 프레이즈와는 다른 느낌을 낸다.

14-05 » 이동 응용 패턴
Tempo 110　Number 079

이미 소개가 되었던 음형으로, 포인트는 이동 방법이다. 오른쪽으로 빙글빙글 돌리는 느낌의 독특한 느낌이다. '타카탕' 프레이즈의 이동 방법과 같다는 것이 포인트다. 이러한 풍부한 이동 아이디어는 강력한 무기가 될 것이다.

14-06 » 특수효과 같이 '돌출된' 어프로치
Tempo 110　Number 080

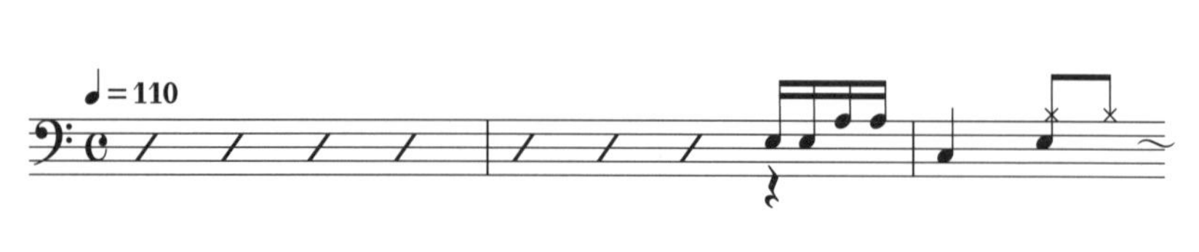

1박 필인 뿐만 아니라 필인의 특수효과 같은 사용법이다. 다음 박까지 필인이 연결되는 '돌출된 형태'다. 힘이 넘쳐서 목적지를 지나친 듯한 느낌이지만, 실제로는 이 효과를 노리고 연주하는 경우가 많다.

4박째 16분음 뒷박에 오픈 하이햇이 들어가며, 이것은 마무리에서 연주를 맞출 때에도 활용된다. 마무리가 아니더라도 효과적으로 펑키한 느낌을 줄 수 있다. '타치이타' 프레이즈에서 스네어를 뺀 것이라고 볼 수 있다.

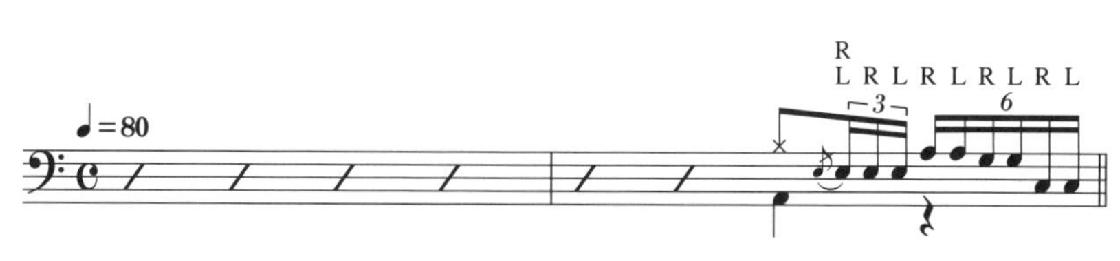

느린 템포의 리듬에서 효과적인 여섯잇단음 체인지업형 필인이다. 3박째 뒷박부터 플램으로 시작되어 여섯잇단음으로 넘어가면서 임팩트가 증폭된다. 어느 정도의 빠르기로 연주할 수 있는지 도전해보자.

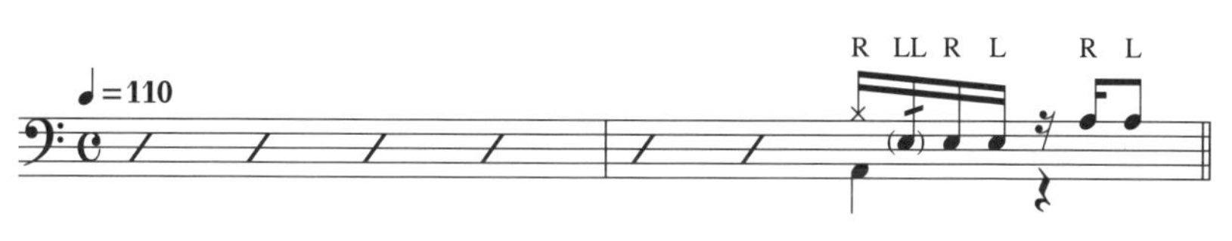

1박반 필인에 스네어 러프(더블 스트로크 드래그)를 더한 프레이징. 여기에 더블 스트로크가 더해져 가속되는 느낌의 필인이 된다. 러프는 이처럼 1박반 필인에서도 효과적으로 사용될 수 있다.

총 정 리

1박 필인의 특성을 파악하는 것은 프레이징 공략의 첫 걸음

1박 필인에 사용되는 4분음, 8분음, 16분음 등의 음형은 필인을 구성하는 기본적인 프레이즈인 동시에 다음 전개(박)로 연결되는 '매듭 프레이즈'로도 역할을 한다. 긴 필인에서는 기승전결의 '결'에 해당되는 부분이다. '나만의 스타일을 가진 프레이즈를 만드는 것이 어렵다'고 느끼는 사람이 생각하는 것은 아마도 길고 임팩트가 강한 필인일 것이다. 따라서 1박 필인의 특성을 파악하는 것은 프레이즈 공략의 첫 걸음이라 할 수 있다.

이 장에서 1박반 필인을 다룬 것은 반박을 더했을 때의 프레이징 변화를 파악할 수 있기를 바랬기 때문이다. 그리고 싱커페이션으로 연결되는 1박반 베리에이션도 소개했다. 이것은 필인의 길이가 1박인, 이 형식의 최소단위이기 때문이다. 스네어 고스트 노트에 의한 꾸밈음을 만드는 방법도 여기에 포함되어있다. 이처럼 작은 필인의 베리에이션을 풍부하게 해두면 프레이징 능력도 올라간다.

또 한 가지 중요한 것은 연습해둔 필인을 어떻게 사용할 것인가다. 일반적으로 음수가 늘어나면 임팩트도 강해진다고 생각하는 사람이 많다. 분명히 그런 측면이 있다. 하지만 예를 들어, 곡의 분위기가 바뀌는 곳에서는 4분음 필인의 마치는 느낌이 더욱 효과적이며, 백 비트가 슬립하는 프레이즈는 16분음 계열보다 리듬변화의 임팩트가 크다. 달리 말하면 어려운 연주라고 해서 그 효과가 반드시 비례하는 것은 아니다. 그리고 필인의 효과는 템포와 리듬 패턴이 변화하면서 달라진다. 따라서 필인 프레이즈는 템포와 사용법에 따라서 다양하게 시도해보아야 비로소 '내 몸에 익혔다'고 할 수 있다.

곡의 구성을 파악한 후에 필인을 하자

이 책에서 소개하는 프레이즈와 각자가 직접 만든 프레이즈를 곡 안에서 실제로 잘 사용하기 위해서는 우선 곡의 리듬과 템포가 필인 프레이즈와 잘 맞아야 한다. 이를 위해서는 필인의 길이별로 곡에 맞을만한 것을 몇 개 랜덤으로 픽업해두면 좋다.

필인은 곡 구성에 맞추어 어떻게 사용하는가가 포인트다. 필인에는 곡의 전개를 유도해야 한다는 큰 역할이 있다. 이는 달리 말하면 청중의 기대감을 컨트롤한다는 것으로, 짧은 필인보다는 길고 임팩트 있는 필인이 기대감을 더욱 높여준다. 아무리 멋진 프레이즈라도 4박 이상의 긴 필인을 아무 때나 사용한다면 정말 중요한 순간에서 필인 효과가 떨어질 수 있다. 반대로 긴 필인에 서툴러서 1, 2박 정도의 짧은 필인만 사용한다면 곡 진행이 단조로워진다. 1박, 1박반의 필인을 '소', 2~3박 필인을 '중', 4박~그 이상의 필인을 '대'라고 대략적으로 분류해두고 곡에 맞추어 선택적으로 사용하기 바란다.

곡 구성은 인트로, A멜로디, B멜로디, 후렴구, 간주, 솔로 파트, 엔딩 등의 요소로 이루어져 있으며, 그 중 후렴구에서 분위기가 가장 뜨거워진다. 따라서 일반적으로 A, B멜로디는 '소'~'중' 정도의 필인을 사용하고, 후렴구 앞에서 필인 '대'로 분위기를 띄운다. 가장 부각시키고 싶은 파트 앞에 큰 필인을 사용하는 것이다.

하지만, 필인에는 드러머의 센스와 사고방식이 반영되므로 예외도 많다. 예를 들어 4분음 스네어 플램 한 번만 넣는 경우도 있다. 이렇듯 강한 임팩트라는 것은 어떻게 해석하는가에 따라 달라지는 것이다.

곡의 전반보다 후반에서 필인이 길어지고 프레이즈의 임팩트도 강해지는 경향이 있다. 이는 싱커페이션 등, 모든 멤버가 같은 리듬 프레이즈를 연주하는 부분 앞뒤의 필인에서도 마찬가지다. 하나의 파트를 사용하더라도 4마디째, 8마디째와 같이 멜로디가 바뀌는 부분에서 짧은 필인으로 얼마나 채울 것인가가 곡을 꾸며주는 포인트다.

Drum Fill-In Encyclopedia 413

제2장

2박 & 2박반 프레이즈

2박 프레이즈는 필인에서 많이 사용하는 길이다.
1박에 비해서 베리에이션도 크게 늘어난다.
여기서는 1박 필인에서 나온 음형태와 연결시키는 방법, 그리고 슬립 수법 등을 소개한다.

'탕탕, 타카탕' (♪♫ ♫♪)이동

15-01 » 대표적인 1파트 '탕탕, 타카탕' 프레이즈   Tempo 110   Number 084

2박 필인에서 많이 나오는 대표적인 프레이즈다. 8분음과 '타카탕'이 연결된 형태로 안정감이 느껴진다. 8비트의 경우 8분음인 '탕탕'으로 그대로 연결되며, '타카탕'에서 마치는 느낌을 만드는 구조다.

15-02 » '탕탕, 타카탕' 2파트 이동 베리에이션①   Tempo 110   Number 085

두 가지 파트를 연주하는 것을 의미하며, 여기서는 스네어와 탐을 이동하는 프레이즈의 베리에이션이다. 1박씩 스네어에서 탐으로 이동한다. 두 파트의 선택은 자유이며 이동을 역행(탐 → 스네어)시켜도 좋다.

15-03 » '탕탕, 타카탕' 2파트 이동 베리에이션②   Tempo 110   Number 086

마지막 음만 탐으로 이동시키는 대표적인 이동 프레이즈다. 이것도 역행시켜서 마지막에 스네어를 때리면 완전히 다른 프레이즈가 만들어진다. 이 프레이즈의 목적은 다양한 이동 아이디어를 시도해보는 것이다.

15-04 » '탕탕, 타카탕' 2파트 이동 베리에이션③   Tempo 110   Number 087

스네어에서 탐으로 이동하고 다시 스네어로 돌아오는 베리에이션이다. 연주순서를 뒤집으면 더욱 친숙한 프레이즈로 변화된다. 다양한 이동 프레이즈를 연주해보고 최종적으로 마음에 드는 것을 사용하도록 하자.

 '탕탕, 타카탕' 3파트 이동 베리에이션①　　Tempo **110**　Number **088**

3파트로 연주 가능한 이동 베리에이션이다. 악보 예 이외의 3파트를 선택해도 된다. 악보 예는 스네어, 탐, 플로어 탐으로 이동하는 형태다. 오른쪽으로 돌아가며 이동하는 대표적인 어프로치다.

15-06 » **'탕탕, 타카탕' 3파트 이동 베리에이션②**　　Tempo **110**　Number **089**

이 이동 아이디어는 스네어를 경유한다. 즉, 스네어를 기점으로 해서 탐과 플로어 탐으로 이동하는 형태다. 이것을 역행시키면 탐에서 스네어 → 플로어 탐에서 스네어로 이동한다.

15-07 » **'탕탕, 타카탕' 3파트 이동 베리에이션③**　　Tempo **110**　Number **090**

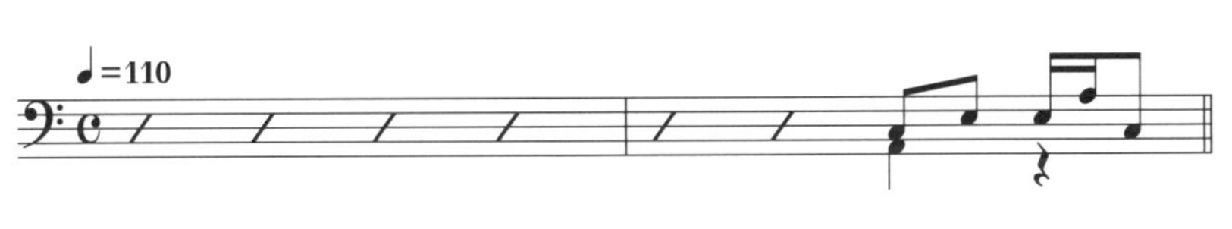

플로어 탐에서 스네어로, 그리고 다시 오른쪽으로 돌아가며 이동한다. 이동 베리에이션을 만드는 포인트는 파트 수를 정하는 것, 그리고 시작하는 파트를 바꾸는 것이다. 이 방식을 시도하면 항상 스네어부터 시작하는 버릇도 고칠 수 있다.

15-08 » **'탕탕, 타카탕' 4파트 이동 베리에이션①**　　Tempo **110**　Number **091**

4파트를 모두 사용한다. 주로 8분음으로 오른쪽으로 돌아가며 이동하는 대표적이면서도 심플한 이동 베리에이션이다. 역순으로 연주하면 플로어 탐부터 왼쪽으로 돌아가며 스네어로 돌아온다. 멜로디감이 반대가 되므로 경우에 따라서는 효과적이다.

15-09 » **'탕탕, 타카탕' 4파트 이동 베리에이션②**　　Tempo **110**　Number **092**

필인 2박째에서 3파트로 이동한다. 이 경우, 오른손 리드로는 매우 어려우므로 왼손 리드로 한다. 이처럼 베리에이션에 따라서는 기본 순서가 아닌 쪽이 연주하기 쉬운 경우도 있다. 달리 말하면 연주순서를 자유롭게 하면 베리에이션도 늘어나는 것이다.

15-10 » '탕탕, 타카탕' 4파트 이동 베리에이션③　　　Tempo 110　Number 093

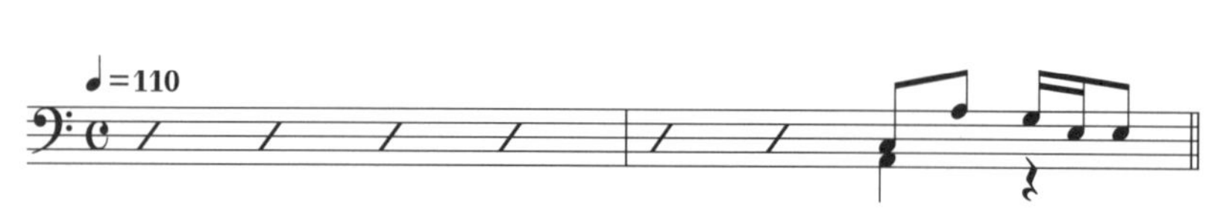

이것도 독특한 이동방법이다. 아이디어가 빛나는 프레이징으로, 얼터네이트 순서로 연주하기 쉬운 형태다. 이동방법을 바꾸면 프레이즈의 멜로디 느낌도 달라진다. 이것이 이 베리에이션의 연습 목적이므로 멜로디로 기억해두자.

2박 & 2박반 프레이즈 16

16분음 연타 '타카타카, 타카타카' (♫♫♫♫)

16-01 » 1파트 '타카타카, 타카타카'의 대표적인 형태　　　Tempo 110　Number 094

가장 심플한 16분음형 필인이다. 달리 보면 '타카타카' 프레이즈를 연결시킨 것이라고 할 수 있다. 같은 음형의 2연속이라 볼 수 있다. 음형을 바꾸어보면 다양한 2연속 형태를 만들어낼 수 있다.

16-02 » '타카타카, 타카타카' 2파트 이동 베리에이션①　　　Tempo 110　Number 095

박 경계에서의 이동을 가능한 피한 베리에이션이다. 어떠한 이동에서도 킥을 유지시킬 수 있도록 킥을 4분음으로 밟는다. 이 베리에이션은 스네어 6연타에서 탐으로 이동하는 형태다.

16-03 » '타카타카, 타카타카' 2파트 이동 베리에이션②　　　Tempo 110　Number 096

2타, 4타, 2타로 이동하는 베리에이션이다. 박의 경계에서 이동하지 않는 어프로치로, 2타째 또는 4타째에서만 이동하는 것과는 다른 느낌이다. 4타째가 8분음 뒷박부터 시작하는 싱커페이션 같은 리듬감도 있다.

16-03의 역행형 이동 베리에이션이다. 탐과 스네어가 반대로 되어있다. 이동방법에 특징이 있는 프레이즈는 파트의 역할을 뒤집어도 그 특징이 살아있다. 2파트 이동 프레이즈는 역행시키기 쉽다는 특성을 가지고 있다.

3파트로 4타, 2타를 하는 이동 베리에이션이다. 탐에서 플로어 탐으로의 이동이 약간 멀기 때문에 리듬이 달라지지 않아야 한다. 박 경계에서의 이동으로 프레이즈에 안정감을 주는 기본적인 수법이다.

16-05에서 1타에 변화를 준 이동 베리에이션이다. 3타, 3타, 2타의 이동으로 프레이즈 느낌이 크게 달라진다. 왼손부터 시작되는 이동을 활용하면 프레이즈에 다른 느낌의 베리에이션을 만들 수 있다.

플로어 탐부터 오른쪽으로 돌아가며 이동하고 다시 플로어 탐으로 돌아오는 베리에이션이다. 1타째는 탐과 플로어 탐을 때리고, 2타째 이후에 스네어로 이동하는 수법은 16분 음 연타에서 많이 사용된다.

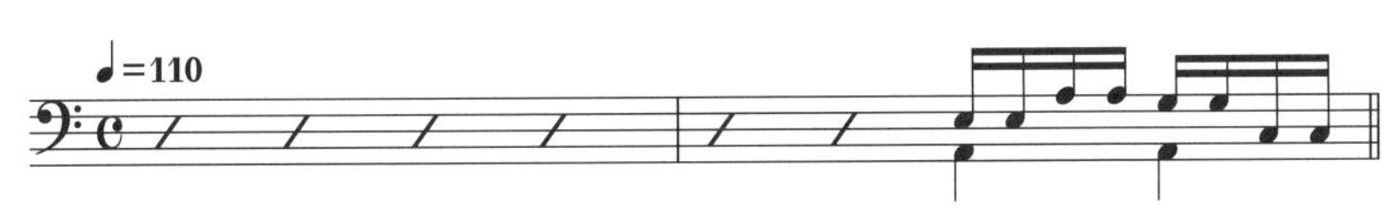

2타씩 오른쪽으로 돌아가며 이동하는 프레이징으로, 매우 심플하고 연주하기 쉽다. 파트 순서를 뒤집으면 플로어 탐부터 왼쪽으로 돌아가며, 오른손 리드의 경우에는 이동시 양손이 부딪힐 수 있어 연습이 필요하다.

16-09 » '타카타카, 타카타카' 4파트 이동 베리에이션②

Tempo 110 **Number 102**

16-08에서 1박째만 순서를 바꾸었다. 심플하게 오른쪽으로 돌아가는 프레이징과 비교하면 역동적인 느낌이 난다. 이처럼 일부만 파트의 순서를 뒤집어보는 것도 프레이즈를 만드는 수법 중 하나다.

16-10 » '타카타카, 타카타카' 4파트 이동 베리에이션③

Tempo 110 **Number 103**

스네어부터 오른쪽으로 돌아가며 이동하고 다시 스네어로 돌아온다. 타수가 일정하지 않으므로 틀리기 쉽다. 오른쪽으로 돌아가며 탐들을 때리고, 마지막에 왼손으로 스네어를 연주한다고 생각하면 된다.

2박 & 2박반 프레이즈
17

16분음 걸기의 '타안타' (♩♫~)로 시작하는 필인

17-01 » 4박째 프레이즈에 기세를 더해주는 패턴

Tempo 110 **Number 104**

1박필인의 '걸기 프레이즈'에서도 나온, '타안타' 음형으로 시작하는 2박 필인의 예다. 타이밍은 정확하게는 '타츠츠타'이며, 사이에 쉼표가 2개 들어간다. 4박째 프레이즈에 기세를 더해주는 독특한 느낌이 특징이다.

17-02 » 필인 시작부분에 스네어와 오픈 하이햇을 넣은 예

Tempo 110 **Number 105**

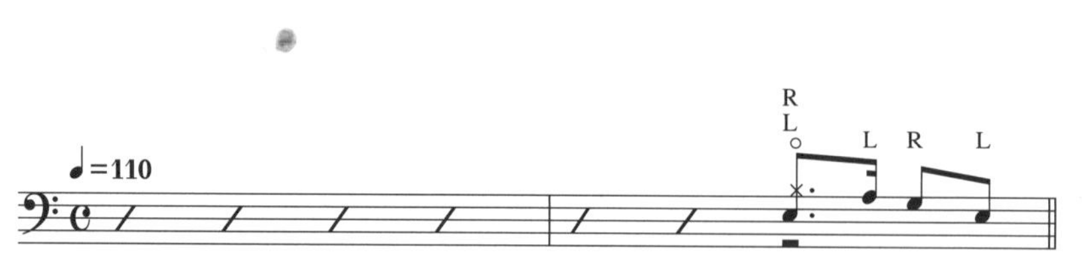

이것도 4박째에 8분음을 사용한 프레이즈로, 3박째 시작부분에서 스네어와 오픈 하이햇을 연주한다. 오픈 하이햇은 필인을 마칠 때까지 늘이고 다음 박에서 크래시와 함께 닫는 것이 좋다. 마지막에 스네어로 돌아오면서 프레이즈가 정돈된다.

'타츠츠타'의 쉼표 부분에 스네어 고스트 노트를 넣은 악센트 이동형 패턴이다. 16분음이 울려서 더욱 스피디해지며, 특히 빠른 8비트에서 더욱 강한 효과를 발휘한다. 음량 컨트롤이 중요하다.

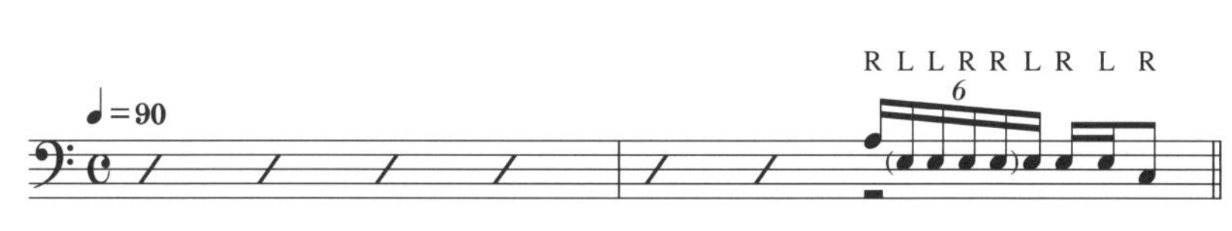

여섯잇단음의 처음과 마지막을 악센트로 하고, 그 사이에 더블 스트로크의 롤을 채운다. '타안타'에 가까운 느낌의 프레이즈로, 필인의 시작으로 많이 사용되는 형태다. 이것을 연주하기 위해서는 테크닉을 연마하는 연습이 필요하다.

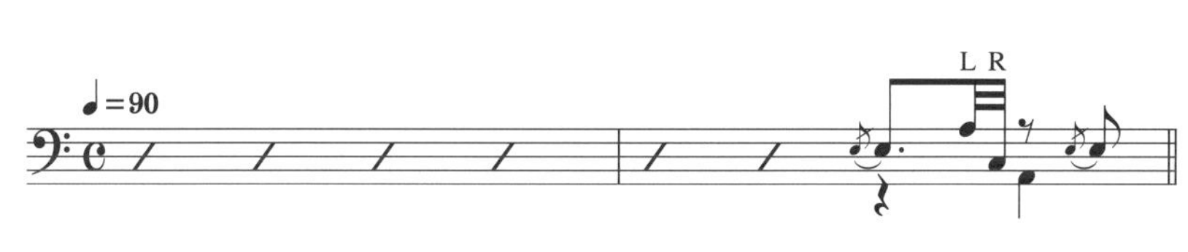

'타안타'의 16분음 걸기 부분에서 탐 이동에 의한 드래그 같은 형태가 되었다. 이것이 킥으로 연결된 것이 포인트다. 처음과 마지막이 스네어 플램으로, 독특한 흐름이 있는 프레이즈다.

악센트를 롤로 연결시킨 여섯잇단음 필인으로, 레게 비트에서 많이 사용된다. 악센트는 모두 오픈 림 샷을 살짝 걸어서 '카앙' 하고 울리게 한다. 롤을 포함시킨 만큼 연주가 어려울 것이다.

Drum Fill-In Encyclopedia 413

2박 & 2박반 프레이즈 18

'탕타카' (♩ ♫ ～)로 시작하는 필인

모범연주 동영상

Number 110-113

018-01 » '타카타카'로 연결되는 패턴

Tempo 110　Number 110

♩=110

'탕타카' 음형태로 시작되어 4박째는 '타카타카'로 연결된다. 스네어를 '탕' 하고 때린 후 '타카타카타카'로 탐을 이동하는 것처럼 들리는 느낌이 특징이다. 4박째 16분음으로 바로 연결시키는 리듬감이 포인트다.

18-02 » 오른쪽으로 돌아가는 이동 프레이즈

Tempo 110　Number 111

♩=110

오른쪽으로 돌아가 4박째 뒷박에서 킥을 밟는 이동 프레이징이다. '탕타카' 음형은 이처럼 박 시작부분에서 플램을 연주하기 쉬운 것도 특징이다. 마지막 킥은 다음으로의 이동을 매끄럽게 해주며, 사운드에도 살짝 변화가 생긴다.

18-03 » 오픈 하이햇을 넣는다

Tempo 110　Number 112

♩=110

'탓타치이'의 하이햇 오픈을 더한 패턴으로, 4박째 시작부분 클로즈 하이햇의 실제 음표감은 쉼표가 된다. 매우 펑키한 리듬의 흐름이 느껴지는 프레이즈다. 하이햇 오픈에 킥을 추가해도 좋다.

18-04 » '탕타카' 연속 프레이즈

Tempo 110　Number 113

♩=110

'탕타카' 음형태가 연속되는 프레이즈로, 플로어 탐과 스네어를 때리는 플램을 사용한다. 라틴 계열의 리듬과 잘 어울리는 필인이다. 플램 부분에서 스네어를 살짝 느리게 때리면 라틴 특유의 리듬감을 낼 수 있다.

'타카탕' ( ~)으로 시작하는 필인

19-01 » 침착한 프레이즈 느낌의 '타카탕'

Tempo 110 Number 114

'타카탕' 음형태는 주로 필인의 마무리로 활용되지만, 시작부분에 사용해도 침착한 느낌의 프레이즈를 만들 수 있다. 이것은 '탕타카'로 연결되는 형태이며, 얼터네이트 순서로 연주하는 것이 특징이다.

19-02 » 8분음에서 오픈 하이햇

Tempo 110 Number 115

'타카치이'의 오픈 하이햇을 추가한 프레이즈다. 8분음 부분에 오픈 하이햇을 넣는 것은 흔히 사용하는 수법으로, '타카탕' 음형뿐만 아니라 다양한 경우에 사용될 수 있다. 이렇게 하면 리듬 패턴 같은 느낌도 생겨난다.

19-03 » 오픈 하이햇을 넣은 '타카치이'의 연속

Tempo 110 Number 116

'타카치이' 프레이즈를 연속적으로 사용한 것으로, 리듬 패턴 같은 느낌이 더욱 강해진다. 이 수법을 '탕타카' 음형에 적용시키면 '치이타카, 치이타카'가 되고, '타탕타'에 적용시키면 '타치이타, 타치이타'가 된다.

19-04 » 쉼표를 활용한 베리에이션

Tempo 90 Number 117

4박째가 '우타탕' 음형인 패턴의 베리에이션이다. 균등한 16분음 연주보다 바운스하는 리듬이 4박째 시작부분 쉼표의 '빈틈'을 더욱 잘 활용하는 느낌을 준다. 시작부분에 러프를 넣은 '라타통'의 음형태도 대표적인 연주법 중 하나다.

2박 & 2박반 프레이즈

20

'타탕타'( ~)로 시작하는 필인

모범연주 동영상

Number 118-123

20-01 » '타탕타'와 '탕타카' 유니트

Tempo **110** Number **118**

이것은 '타탕타'와 '탕타카' 음형이 연결된 것으로, '타탓타탓타타'라는 일체화된 독특한 프레이즈로 변화되었다. 이러한 음형태를 이 책에서는 '유니트' 프레이즈라고 부르기로 한다.

20-02 » 오픈 하이햇을 넣은 유니트

Tempo **110** Number **119**

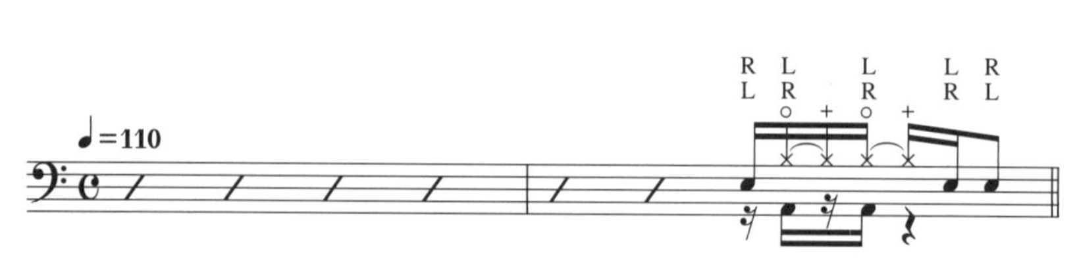

이것도 유니트 프레이즈의 예로, 하이햇 오픈을 넣은 '타치이치이타탕'이라는 필인이다. '타탕타' 음형은 연결되는 음형에 따라서 유니트화가 되기 쉬운 성질을 가지고 있다. 이 프레이즈는 악보에 표기된 것처럼 두 가지 순서로 연주할 수 있다.

20-03 » 오픈 하이햇 '타치이타'를 넣은 어프로치

Tempo **110** Number **120**

하이햇 오픈을 1번 넣은 '타치이타' 프레이즈를 사용한 필인이다. 이것은 유니트형이라 할 수 없다. 그 이유는 4박째 프레이즈를 바꿀 수 있기 때문이다. '타탕타' 음형태는 역시 필인 시작부분에서 사용하면 효과적이다.

20-04 » 플램과 킥을 사용한 프레이즈

Tempo **110** Number **121**

손발 콤비네이션을 사용한 프레이징으로, 4분음을 플램으로 유지시키고 킥으로 프레이즈를 만드는 방법이다. 양손으로 때리는 4분음 플램이 리듬을 유지하는 역할을 하므로 안정된 리듬감의 필인이 될 수 있다.

 ## 손발 콤비네이션을 넣은 '타탕타'+'탕타카'

Tempo 110   Number 122

20-01 유니트 프레이즈에 손발 콤비네이션을 넣었다. 4박째 플램에서 프레이즈가 나뉘는 느낌이 나므로 유니트 느낌은 조금 약해진다. 4박째에도 킥을 넣어 '도탓도탓도타'로 연주하면 유니트 프레이즈가 된다.

20-06 » ## 손발 콤비네이션을 넣은 리듬 패턴 변화형

Tempo 110   Number 123

리듬 패턴에 상당히 가까워 리듬 패턴 변화형 필인이라고도 할 수 있는 프레이즈다. 이 프레이즈(패턴)가 2박만 나오면 필인으로 기능을 하며, 이것을 반복하면 리듬 패턴으로 인식된다.

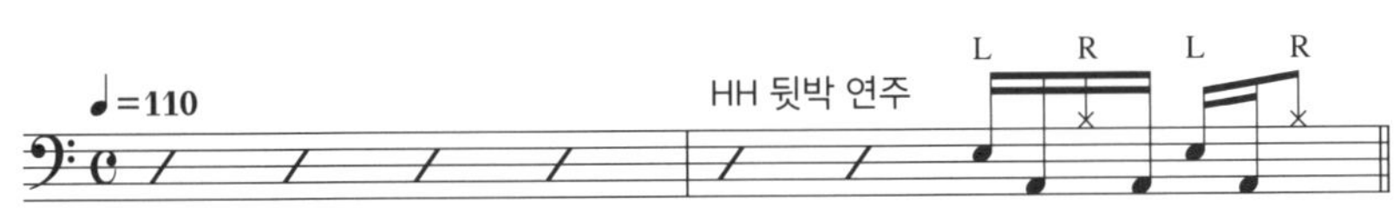

2박 & 2박반 프레이즈
21
4분음 (～ ♩)으로 마치는 2박

21-01 » ## 플램으로 마치는 느낌을 주는 어프로치

Tempo 110   Number 124

4박째를 4분음 플램으로 마무리하는 2박 필인이다. 3박째 16분음에 의해 마치는 느낌이 더욱 강조된 연출이다. 포인트는 킥의 타이밍이다. 킥이 들어가면 플로어 탐에서 스네어로의 손 이동이 쉬워진다.

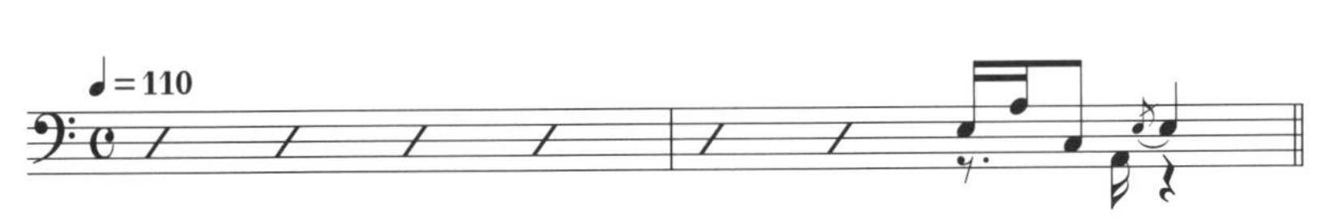

21-02 » ## 킥으로 긴박감을 더한 프레이즈

Tempo 110   Number 125

21-01과 같은 음형의 프레이즈에 킥이 추가되었다. 이것은 1박 필인에서도 소개된 것으로, 이 킥으로 인해 4분음 스네어가 주는 마치는 느낌에 긴박한 브레이크 느낌을 더해준다. 양손으로 '타탓'하고 연주해보자.

21-03 » 연타를 넣지 않은 2박 필인　　Tempo 110　Number 126

심플한 음표로 구성된 프레이징으로, 4분음을 베이스드럼과 연결시킨 형태다. 연타를 하지 않아도 2박 필인을 구성할 수 있는 좋은 예다. 오픈 하이햇을 4박째에서 끊어주면 더욱 날카로운 느낌이 날 것이다.

21-04 » 킥 더블을 이용한 프레이즈　　Tempo 110　Number 127

이것도 4박째의 4분음 악센트로 연결시키는 16분음 연타의 수법으로, 킥 더블을 이용하고 있다. 16분음 4타 모두를 손으로 때려서 양손 악센트로 연결시키는 데에는 무리가 있기 때문에 킥을 어떻게 활용할 것인가가 중요하다.

2박 & 2박반 프레이즈

22

손발 콤비네이션을 사용한 8분음 (♪ ♪ ♪ ♪)

22-01 » 다음 박으로 연결시키는 2박 패턴　　Tempo 120　Number 128

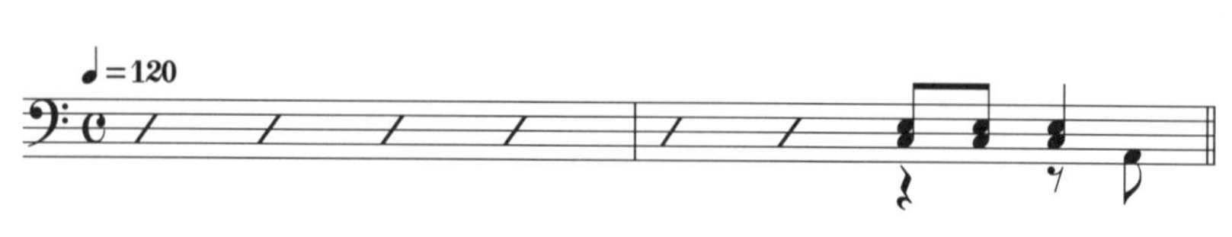

8분음 2박 필인에서 4타째를 킥으로 바꾼 프레이즈. 킥을 사용해서 다음 박으로 연결시키는 어프로치는 다양한 프레이즈에서 활용된다. 여기서도 이 수법으로 필인에서 적절하게 연결되는 느낌을 더했다.

22-02 » 대표적인 8분음 손발 콤비네이션　　Tempo 110　Number 129

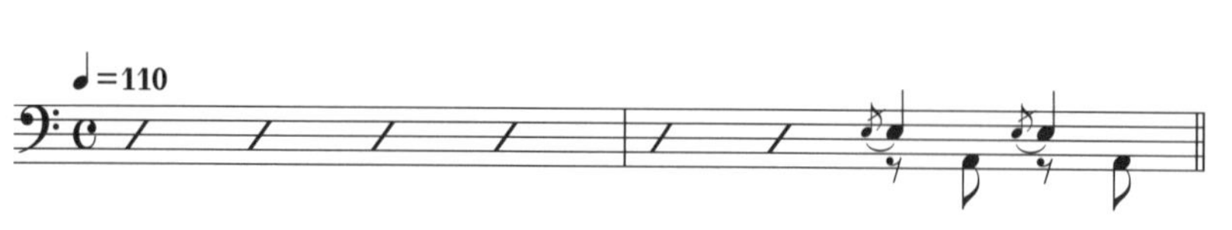

8분음 2박 손발 콤비네이션 필인으로, 매우 많이 사용되는 타입이다. 플램은 타이밍을 약간 어긋나게 해서 힘차게 연주하는 것이 포인트다. 8비트에서 특히 설득력 있는 필인으로 활용할 수 있다.

리듬 패턴 변화형 필인

Tempo 120 **Number 130**

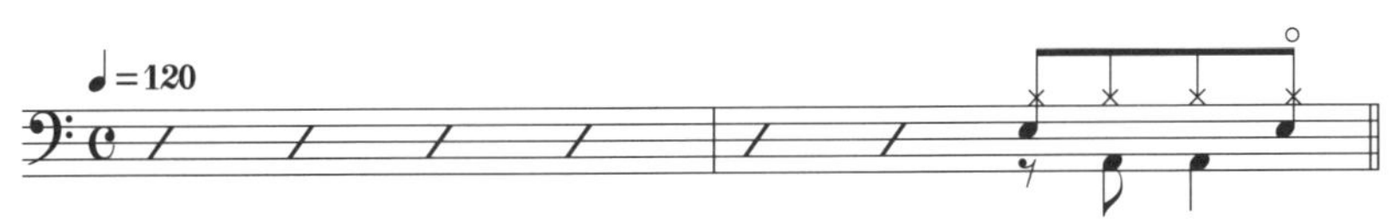

2박 리듬 패턴의 변화형 필인이다. 리듬 패턴에서는 2, 4박의 백 비트 스네어가 안정적인 리듬의 원동력이다. 그 흐름에 순간적으로 변화를 주어 필인 역할을 하는 것이다.

스네어 플램을 여러 번 사용한 프레이즈

Tempo 120 **Number 131**

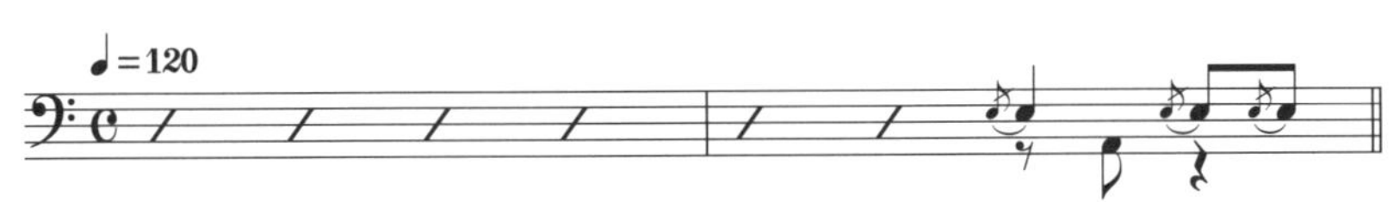

스네어 플램을 여러 번 사용한 어프로치의 베리에이션으로, 템포에 따라서는 강한 질주감을 낼 수도 있다. 플램이 연속되므로 리스트 샷 강화가 필요하며, 프레이즈로서의 효과도 높다.

2박 & 2박반 프레이즈

23

유니트형 필인(♩♫♪ ♪♪)의 앞뒤 슬립①

모범연주 동영상

Number 132-135

'나뉨' 없는 유니트 기본형

Tempo 110 **Number 132**

'탕타탕타탕'의 일체화된 박에서는 나누지 않은 '유니트형'의 2박 필인을 기본형으로 사용한다. '23'항목에서는 기본 프레이즈에서 앞뒤를 슬립(어긋나게)시키는 새로운 프레이즈를 만들어내는 것이 목적이다. 연주순서도 함께 기억해두자.

16분음 뒤로 이동시킨 슬립 프레이즈

Tempo 110 **Number 133**

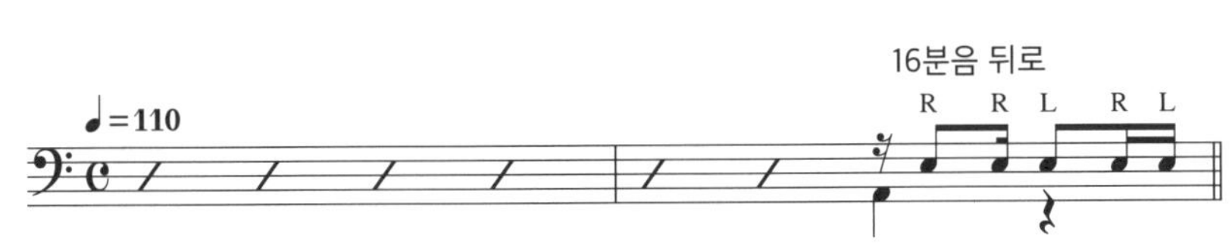

먼저 16분음 뒤로 이동시킨 슬립 프레이즈다. 쉼표(+ 킥)가 들어가 '도탕타탕타타'로 프레이즈가 변화된다. 이 킥을 빼고 2박째 뒷박에 오픈 하이햇을 넣어 연결시켜도 효과적이다. 기본 프레이즈와 같은 순서로 연주할 수 있는가가 포인트다.

23-03 » 16분음 앞으로 이동시킨 슬립 패턴

Tempo 110   Number 134

16분음 앞으로 슬립시킨 프레이즈다. 이것은 2박째의 스네어 백 비트를 활용하고 있어 이러한 형태가 된다. 2박째 뒷박에서 거는 것으로 기본형 프레이즈가 시작된다. 마지막 8분음에는 오픈 하이햇을 더한다.

23-04 » 8분음 앞으로 이동시킨 슬립 패턴

Tempo 110   Number 135

8분음 앞으로 슬립시킨 프레이즈다. 2박째의 백 비트는 비트를 유지시키므로 스네어가 8분음을 연타한다. 마지막에는 킥을 넣는다. '탕, 탕타탕타탕, 동'이라는 프레이즈로 바뀐다.

2박 & 2박반 프레이즈 24

유니트형 필인()의 앞뒤 슬립②

모범연주 동영상

Number 136-139

24-01 » '타탕탕타탕'을 이용한 기본형 슬립

Tempo 110   Number 136

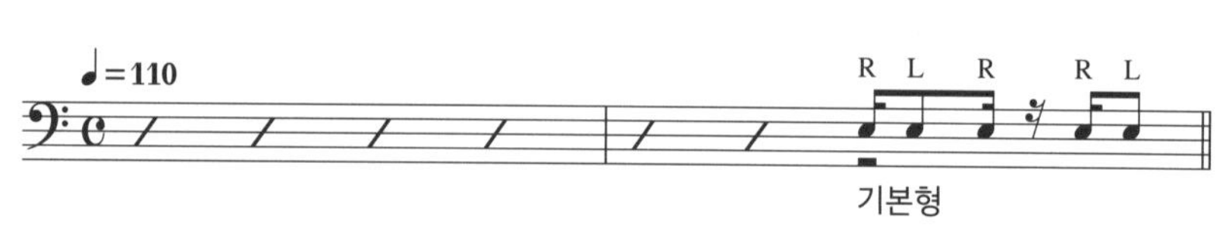

마찬가지로 슬립 수법을 이용해 프레이즈를 만든다. 기본형은 '타탕탕타탕'을 바꾼 것이다. 연주순서에도 주의하자. 표기된 연주순서가 베스트는 아니지만, 연주하기 쉬운(기억하기 쉬운) 순서 하나를 고정시켜두는 것이 중요하다.

24-02 » 16분음 뒤로 슬립시킨 예

Tempo 110   Number 137

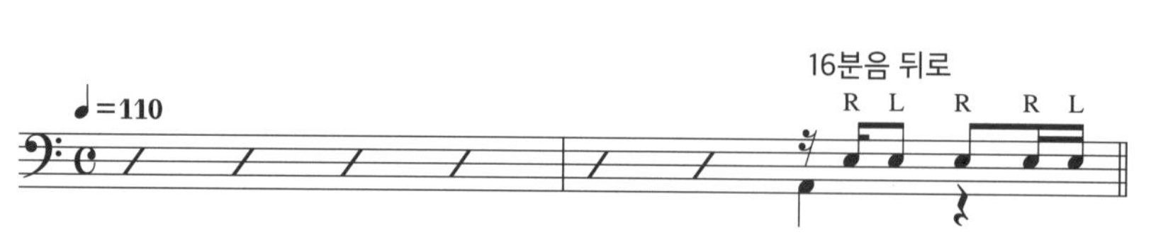

16분음 뒤로 슬립시킨 프레이즈다. '우타탕탕타타'가 되어 마지막 음이 '탕'에서 '타'로 바뀐다. 슬립시키는 경우에는 마지막에 16분음으로 마치는 경우가 있으므로, 연주를 왼손에서 마칠 수 있는 순서가 필요하다.

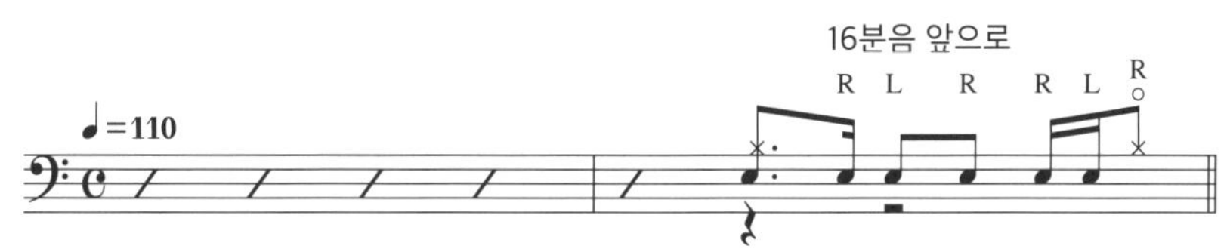

16분음 앞으로 슬립시킨 프레이즈로, 2박째 백 비트로부터의 연결도 앞 페이지에서 설명한대로다. 프레이즈로 들어가는 타이밍을 파악했다면 나머지는 손 움직임에 맡기는 것이 좋다. 마지막은 이동으로 생긴 공간을 오픈 하이햇으로 채운다.

8분음 앞으로 슬립시킨 프레이즈다. 마지막은 8분음 킥을 더하고 슬립시켜서 공간을 채운다. 어긋난 상태에서 기본형 프레이즈를 느끼기란 매우 어려우므로, 여러 번 연주하면서 감각을 익히자.

유니트형 2박의 이동

우선은 '탕타탕타탕' 이동 베리에이션이다. 악보 예에서는 두 가지 연주순서를 제시했다. 탐의 순서 차이라고 생각하면 이해하기 쉬울 것이다. 유니트형 프레이즈 특유의 박을 걸친 듯한 느낌이 더욱 강조된 어프로치다.

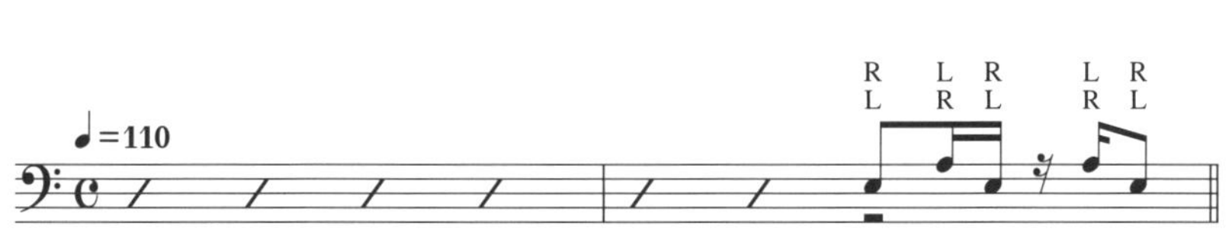

이것은 25-01과 같은 음형태에서 탐의 이동을 역행시킨 프레이즈다. 여기서도 이동의 연주순서에 두 가지를 제시했으며, 25-01과는 순서가 다르다는 것을 알 수 있다. 이동 방식이 달라지면 연주순서도 바뀐다.

25-03 » '탕타탕타탕' 이동 베리에이션③

Tempo 110　Number 142

25-01과 같은 이동 프레이징에 스네어 러프 (더블 스트로크의 고스트 노트)를 더한 어프로치다. 실제 음은 플로어 탐에 꾸밈음이 더해진 형태이며, 이렇게 되면 필인이 살짝 다르게 들린다. 루디먼트를 이용한 연주방법이다.

25-04 » '탕타탕타탕' 유니트형 이동 베리에이션

Tempo 110　Number 143

'탕타탕타탕'의 유니트형 프레이즈 이동 베리에이션이다. 이것은 악센트 이동을 응용한 것으로, 쉼표 부분을 스네어의 고스트 노트로 채우고 있다. 왼손이 리드하면서, 오른손이 탐을 이동하는 것이 포인트다.

2박 & 2박반 프레이즈 26 — 셋잇단음 2박 필인

모범연주 동영상

Number 144-149

26-01 » 셔플 비트에 대응하는 이동 베리에이션

Tempo 120　Number 144

셔플 비트에 사용할 수 있는 셋잇단음 2박 필인의 이동 베리에이션이다. 2타씩 이동하는 형태는 셋잇단음의 대표적인 프레이즈다. 이러한 필인은 셔플뿐만 아니라 8비트의 체인지업 수법으로도 효과적이다.

26-02 » 플로어 탐에서 시작하는 셋잇단음 이동 베리에이션

Tempo 120　Number 145

셋잇단음 필인의 이동에 변화를 준 프레이즈다. 악보 예는 플로어 탐에서 시작하는 3파트 이동이다. 16분음 계열은 물론, 셋잇단음에서도 이동 베리에이션을 만드는 방식은 같다. 음수를 잘 살피면서 다양하게 시도해보자.

 걸기형 셋잇단음 필인 응용 Tempo **120** Number **146**

3박째 셋잇단음의 두 번째가 쉼표로 처리된 프레이즈. 3박째 앞박 스네어 후의 순서는 RLRL로, 16분음 느낌으로 때릴 수 있다. 제1장의 1박 필인에서도 소개한 걸기형 셋잇단음 프레이즈의 응용이기도 하다

 셋잇단음 연타에 더블을 더한 어프로치 Tempo **120** Number **147**

셋잇단음 연타 일부에 더블을 더한 프레이즈로, 더욱 스피디하게 변화된다. 연주순서는 악보 예에 표기된 두 가지 방법이 있다. 차이는 왼손으로 시작하는가, 오른손을 빠르게 이동시킬 것인가이다. 각자의 감각으로 선택해보자.

 킥을 더한 손발 콤비네이션 Tempo **120** Number **148**

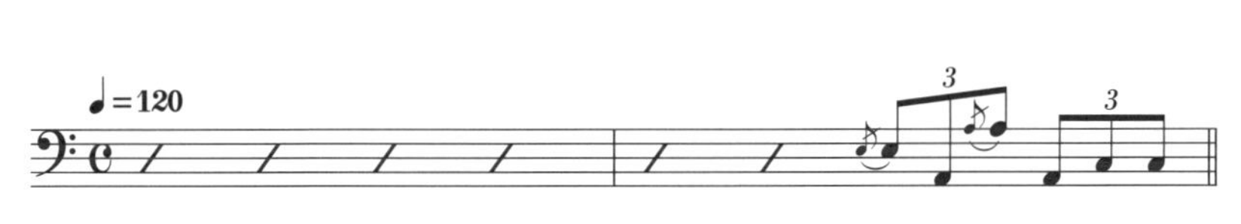

킥을 더한 손발 콤비네이션 프레이즈. 플램을 하면서 3파트가 오른쪽으로 돌아가는 이동이다. 묵직한 록 느낌의 프레이즈로 이 수법도 16분음과 마찬가지로 다양한 베리에이션이 가능하다.

 오픈 하이햇을 이용한 베리에이션 Tempo **120** Number **149**

오픈 하이햇을 이용한 2박 필인 베리에이션. 4박째 시작부분의 하이햇 클로즈는 쉼표로 처리된다. 16분음 오픈 하이햇을 넣은 '타치이치이타탕'의 2박 프레이즈는 셋잇단음에서는 '타치이, 치이타'로 응용할 수 있다. P74의 Ex-245를 참조하자.

2박 & 2박반 프레이즈

27

16분음 시작부분을 뺀 프레이즈

모범연주 동영상

Number 150-154

27-01 » 16분쉼표의 흥을 포함한 프레이즈　　Tempo 110　Number 150

16분쉼표 느낌(하이햇)을 포함한 '우타탕' 프레이즈로 시작한다. 1박반 필인을 더욱 긴박하게 만든 프레이징이다. 이러한 경우, 2박째 뒷박에 하이햇 오픈을 추가하면 독특한 연결 프레이즈 느낌이 생긴다.

27-02 » 킥을 더해 안정감 있는 패턴　　Tempo 110　Number 151

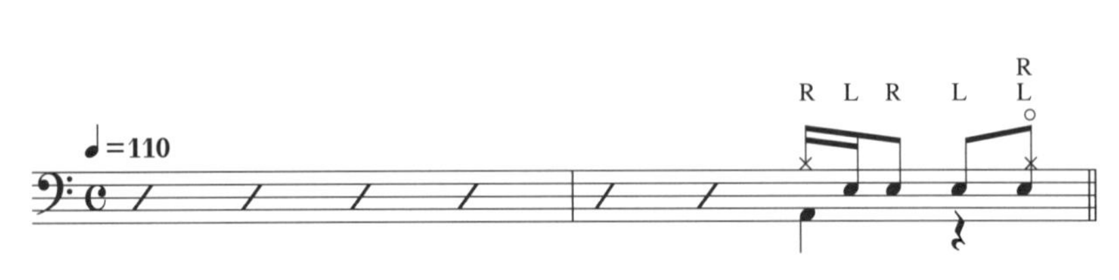

27-01과 같은 프레이즈로 시작하는 필인 베리에이션이다. 3박째에 킥이 들어감으로써 리듬에 안정감이 생긴다. 이 음형은 박 시작부분에서 필인으로 바뀌는 느낌이 약해서 독특한 느낌을 낼 수 있다.

27-03 » 시작부분이 빠진 어프로치①　　Tempo 110　Number 152

16분음 시작부분이 빠져 '우탕타' 음형태로 시작되는 필인이다. '타탕타탕타타' 음형에서 시작부분을 뺀 것이라 할 수 있다. 다양한 템포에서 사용할 수 있으며, 특히 발라드 계열의 느릿한 템포에서 효과적이다.

27-04 » 시작부분이 빠진 어프로치②　　Tempo 110　Number 153

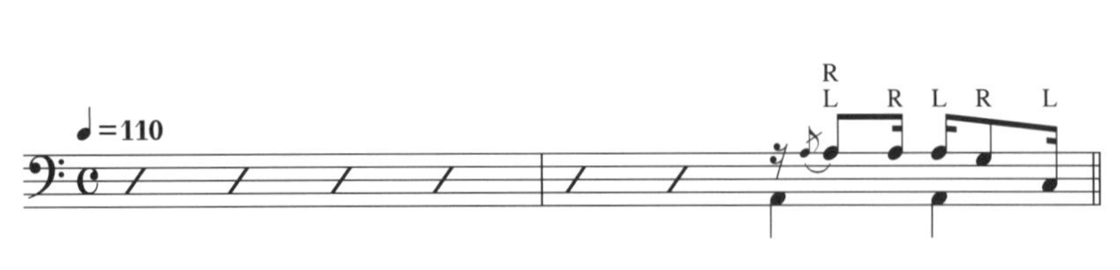

이것도 '우탕타' 음형태를 사용한 필인 베리에이션이다. 여기서는 킥을 4분음으로 유지시킨다. 16분음 뒷박을 많이 사용하는 리듬의 특징으로, '탕타카, 탕탕'의 슬립형으로도 볼 수도 있다.

손발 콤비네이션 필인으로, 16분음 시작부분을 빼서 효과를 살렸다. R → L → 킥의 콤비네이션으로 리듬과 손발의 움직임이 정확히 매치되어있다.

2박 & 2박반 프레이즈

28

체인지업 효과가 있는 2박 필인

모범연주 동영상

Number 155-159

점8분음 리듬을 사용한 2박 필인. 2박 셋잇단음 리듬감에도 가까워 체인지업 효과(느릿해진다)가 있는 프레이즈다. 음 간격을 컨트롤하면 이처럼 템포가 느리게 느껴지도록 하는 것도 가능하다.

여섯잇단음으로 시작하는 콤비네이션형 2박 필인. 뭉쳐진 음이 순간적인 스피디함을 만들어내는 프레이즈다. 킥을 사이에 넣은 것이 포인트다. '뭔지 모르겠지만 많은 음이 담겨있다'라고 느껴지게 하는 것이 목적이다.

8분음에서 여섯잇단음으로 체인지업하는 필인. 3박째는 16분음 악센트 이동으로 약간의 스피드를 더해 매끄럽게 연결되도록 했다. 급격한 체인지업에서는 이러한 부분이 완충 역할을 해준다.

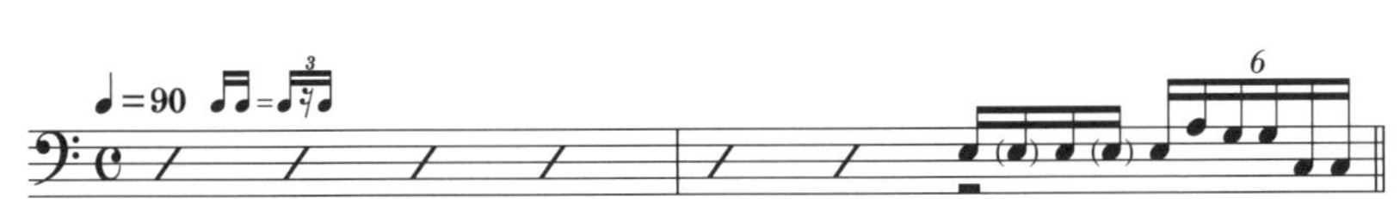

28-04 » 32분음을 넣은 체인지업

Tempo 100   Number 158

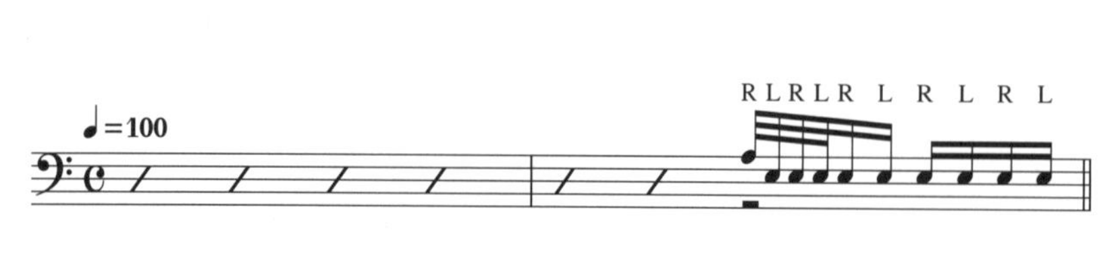

32분음을 넣어 스피디함을 연출하는 체인지업 필인이다. 모두 싱글 스트로크로 연주하므로 롤 드래그와는 다른 가속 느낌이 난다. 32분음 부분은 16분음보다 스트로크를 약간 작게 해야 스피드감을 매끄럽게 표현할 수 있다.

28-05 » 셋잇단음으로 큰 임팩트를 주는 프레이즈

Tempo 130   Number 159

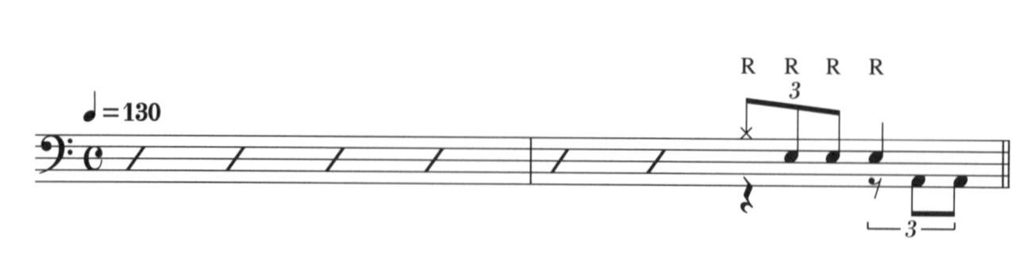

셋잇단음 프레이즈지만, 이것을 8비트나 16비트에서 사용한다. 약간 브레이크가 걸리는 듯한 독특한 체인지업 효과가 있어 필인의 임팩트를 부각시켜준다.

이동 베리에이션을 만들어보자!

이번 2박 필인 장에서 우선적으로 해야 할 일은 프레이즈와 직접 관계가 있는 이동 베리에이션 만들기다. 본문에서 설명했듯이 포인트는 몇 가지 파트를 사용할 것인가를 정하는 것이다. 그 다음에는 어느 파트부터 프레이즈를 시작할 것인가를 정하면 베리에이션을 떠올리기 쉬워질 것이다. 뭐든 무작정 하는 것은 좋지 않다. 여기서 소개된 이동 어프로치를 참고해서 다른 음형태에서도 자기 나름대로의 이동 베리에이션을 만들어보자.

2박 필인은 두 가지 음형의 조합으로 구성되며 그 조합도 다양하다. 기능적으로는 필인의 1박째가 시작(입구)이며, 2박째가 끝(출구)이라고 생각할 수도 있다. 입구는 리듬으로부터의 연결과 필인의 임팩트를 좌우하며, 출구는 필인의 끝나는 느낌과 다음 박으로의 연결에 영향을 준다. 이 장에서는 그 입구의 음형태에 한정된 필인의 베리에이션이 소개되었다. 물론 대부분의 음형태는 1박째, 2박째 어느 쪽에 사용해도 제 기능을 발휘할 수 있다. 요점은 음형태를 조합하는 것에 있다.

그리고 1박씩 나뉘지 않는 일체화된 프레이즈도 존재한다. 이 책에서는 이러한 타입의 프레이즈를 '유니트형'이라고 부른다. '탕타탕타탕', '타탕탕타탕' 등이 이 유니트형에 해당되며, 2박이 하나를 이루는 느낌의 프레이즈감이 특징적이

다. 이러한 프레이즈는 그대로 사용해도 충분히 효과적이며, 그 특유의 프레이즈 느낌을 이용해서 슬립시켜 사용하는 것도 가능하다. 여기서는 슬립 방식에 따른 프레이징도 몇 가지 소개되었다. 슬립 수법에 의해 완전히 다르게 들리는 필인 베리에이션을 만드는 것도 가능하다.

슬립 수법 이외에도 체인지업 효과가 있는 프레이징도 몇 가지 소개했다. 이들 2박 필인에 관한 프레이징 수법은 더욱 긴 필인에서도 응용될 수 있으므로 완벽하게 이해해두자.

3박 & 3박반 프레이즈

이 장에서는 3박 & 3박반 필인 베리에이션을 소개한다.
'3박'은 어중간한 길이로 느껴질 수 있지만 의외로 많이 사용되며,
'3박 프레이즈'라 불리는 독특한 리듬을 가진 프레이즈도 특징적이다.

3박 & 3박반 프레이즈

29

백 비트를 살리는 형태

29-01 » 16분음 걸기 사용 예

Tempo 110　**Number 160**

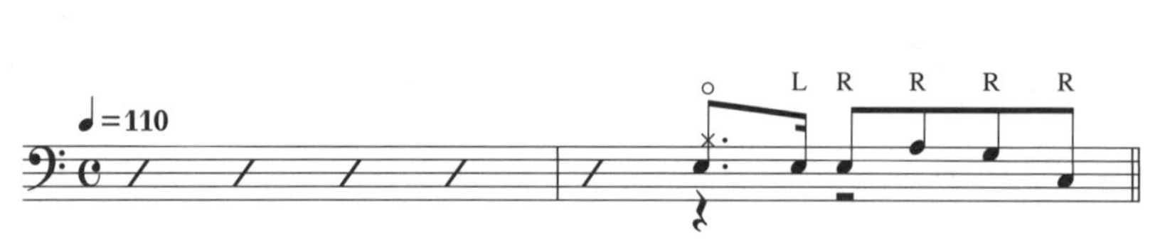

3박 필인은 2박째 백 비트에서 시작되므로 기본적으로 그 리듬을 살린다. 이 프레이즈는 16분음 걸기 음형을 사용한 것으로, 악보 예처럼 '타안타'로 시작하는 형태다. 나머지는 2박 필인을 연결시키면 된다.

29-02 » 드래그를 사용한 '탕통, 타카통' 연결

Tempo 110　**Number 161**

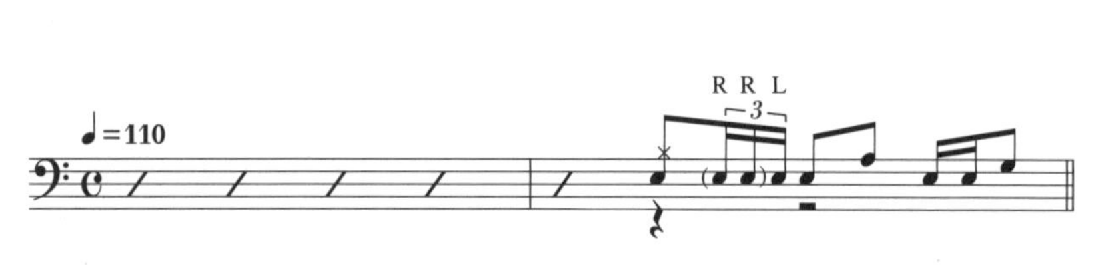

2박째 백 비트 뒤에서 여섯잇단음 드래그를 사용해서 2박 필인의 '탕통, 타카통'으로 연결시킨다. 드래그가 붙은 2박 필인이라고도 할 수 있다. 이처럼 3박 필인과 2박 필인은 분류하기 애매한 경우가 많다.

29-03 » 백 비트 강조형

Tempo 110　**Number 162**

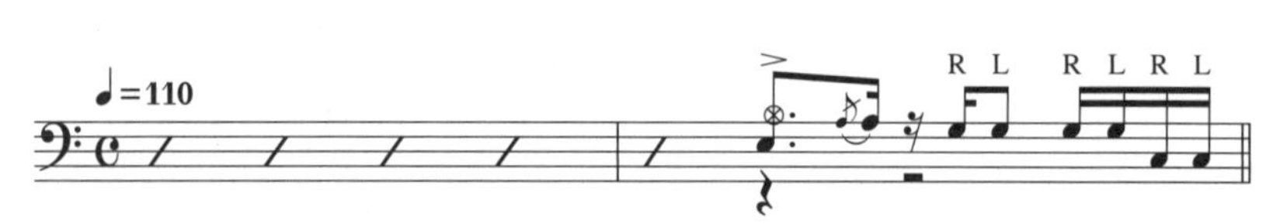

2박째 스네어 백 비트를 강조해서 필인으로 연결시키는 형태로, 음형태는 16분음 걸기지만, 3박째 시작부분이 빠진 프레이즈로 연결되므로, 사용법이 살짝 다르다고 할 수 있다. 유니트형에 가까운 느낌을 가지고 있다.

29-04 » '탕타카'로 시작하는 어프로치

Tempo 110　**Number 163**

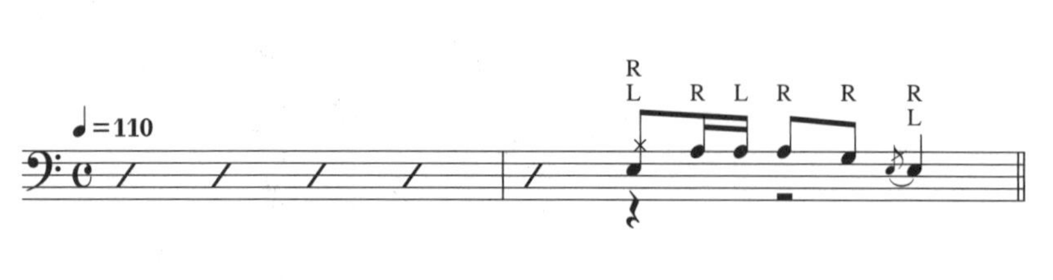

'탕타카' 프레이즈로 시작하는 3박 필인의 베리에이션이다. 이 음형은 1박 필인과 마찬가지로 백 비트에서 시작하는 필인에서 효과적이다. 이 프레이즈는 박마다 '시작 → 연결 → 마무리'의 구성이 뚜렷하다.

이 프레이즈의 시작은 제2장(2박 & 2박반)에서 설명한 유니트형 필인이라는 것이 특징이다. 그리고 필인의 마무리(출구)를 '탕타카'로 정리하고 있다. 4박째는 플램으로 마무리 느낌을 강하게 했다.

리듬 패턴 변화형의 필인 베리에이션으로, 스네어를 박마다 연주하는 것이 포인트다. 스네어의 악센트 3박째를 빼버리면 단순한 8비트 리듬 패턴이 되어버리기 때문이다.

이것도 리듬 패턴 변화형의 필인이다. 여러 번 때리는 스네어의 16분음 뒷박에 의해, 패턴에서 필인으로 경계 없이 변화하는 것처럼 느껴진다. 자연스럽게 흐르듯이 연결되는 필인이다.

백 비트 연타의 도입 어프로치

모범연주 동영상

Number 167-172

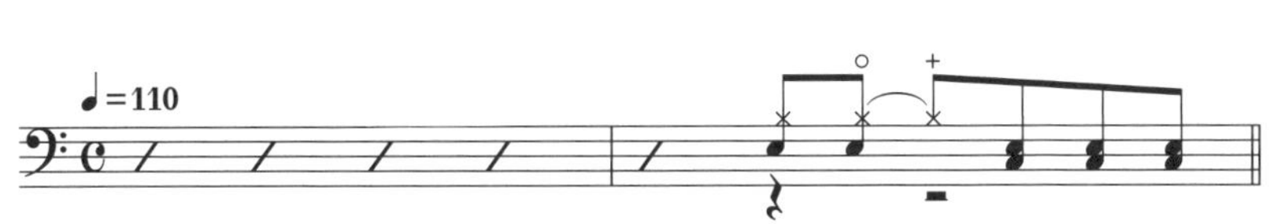

2박째 백 비트를 8분음으로 연타해서 2박 필인으로 연결시킨다. 이 프레이징은 오픈 하이햇을 이용해서 후반의 1박반 필인으로 연결시키는 것이 포인트다. 필인을 시작하는 형태가 정해져있으므로 프레이징을 하기 비교적 쉽다.

30-02 » 오픈 하이햇 사용형②

Tempo 110   Number 168

Ex-167(30-01)과 마찬가지로 오픈 하이햇이 들어간 백 비트 연타형 3박 필인이다. 여기서는 3박째가 16분음 시작부분이 빠진 프레이즈로 되어있다. 3개의 박이 유기적으로 연결된 필인 어프로치다.

30-03 » 백 비트 연타 효과를 높인 예

Tempo 110   Number 169

2박째의 백 비트 연타는 리듬 패턴의 일시적인 변화로도 해석할 수 있다. 이처럼 리듬 패턴 변화형 필인으로써 잘 어울린다. 4박째만 보면 완결된 1박 필인이 들어있어 그 효과를 더욱 높이고 있다.

30-04 » 여섯잇단음 롤을 사용한 악센트 이동형

Tempo 110   Number 170

여섯잇단음 롤을 사용한 악센트 이동형 프레이즈다. 이것은 2박 필인 장에서 나오는 프레이즈를 그대로 사용한 것이다. 여섯잇단음의 프레이즈가 시작(입구)이 아닌 연결 프레이즈 역할을 하고 있다.

30-05 » 16분음을 여러 번 넣은 리듬 패턴 변화형

Tempo 100   Number 171

16분음을 여러 번 사용한 리듬 패턴 변화형 프레이징이다. 시작부분의 백 비트 연타를 계기로 패턴을 변화시키는 수법이다. 이러한 수법을 사용할 수 있게 되면 필인 프레이즈를 생각하는 폭이 크게 넓어질 것이다.

30-06 » 플램에 의한 백 비트 강화

Tempo 100   Number 172

백 비트 연타를 플램으로 강화시키고 32분음을 넣어 2박 필인에 연결시키는 프레이징이다. 32분음에 의해 조금은 체인지업 효과의 느낌을 내준다. 8분음 백 비트 연타와 연결되는 2박 필인을 선택하는 것이 포인트다.

같은 음형
연속 베리에이션

Number 173-176

31-01 » 2연속 '타카통'

Tempo **110** Number **173**

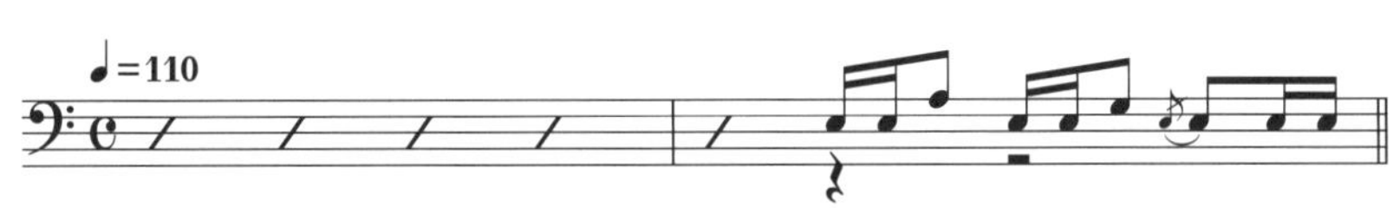

'타카통' 프레이즈를 연속시킨 것으로, 같은 음형태를 연속시키고 마무리에 다른 음형태를 사용하는 것이 포인트다. 지금까지의 후반에 2박 필인을 사용하는 것과는 다른 수법의 프레이징을 구성하는 것이 특징이다.

31-02 » 2연속 '타타치이'

Tempo **110** Number **174**

'타타치이' 프레이즈를 연속시킨 프레이징이다. 킥이 4분음을 유지하는 것이 포인트다. 각 박 시작부분의 하이햇은 클로즈다. 리듬 패턴 같은 느낌도 가지고 있다.

31-03 » 4분음으로 마치는 필인

Tempo **110** Number **175**

4분음으로 마치는 프레이즈다. 2박 필인에서도 나왔듯이 4분음으로 연결시키는 수법의 연속형이다. 3박으로 되어있어 필인으로서의 임팩트가 강해진 것이 포인트이며, 다른 2박 필인으로 연결시킬 때에도 효과적이다.

31-04 » 얼터네이트 '타탕타'의 연속

Tempo **110** Number **176**

'타탕타' 음형을 사용한 연속형 프레이즈다. 얼터네이트로 연주할 수 있게 되어있으며, 전체적인 흐름에 일체감을 가지고 있다. 1박에서의 3타 16분음의 음형은 연속되면 얼터네이트로 연주하기 좋다.

3박 & 3박반 프레이즈 32

같은 음형 3연속 베리에이션

32-01 » 8분음 3연속
Tempo 110　Number 177

심플하게 8분음을 3연속시킨 프레이즈다. 평범하지만 이것을 크레셴도하면 함께 연주하는 사람들에게 보내는 신호 역할을 하는 효과를 높일 수 있다.

32-02 » 3연속 '타카탕'
Tempo 110　Number 178

'타카탕' 음형의 연속형으로, 이동 방법에 아이디어를 넣어보았다. 이처럼 박마다의 이동을 피하면 단순히 반복되는 느낌을 없앨 수 있다. 박의 경계에서 이동하는 프레이즈도 기본적인 것이므로 둘 다 할 수 있게 되면 표현의 폭이 넓어진다.

32-03 » 오픈 하이햇으로 시작하는 '치이타타'
Tempo 110　Number 179

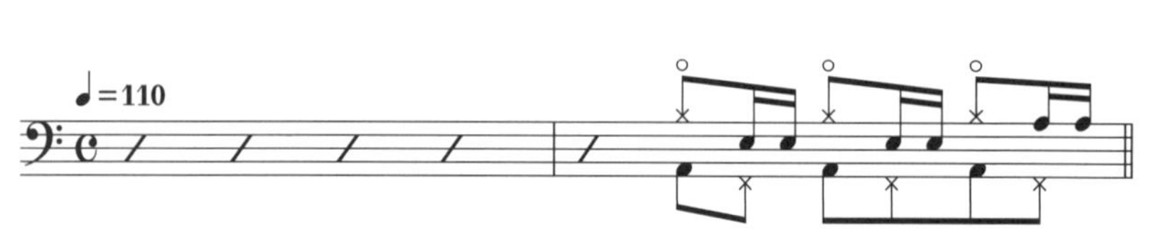

오픈 하이햇으로 시작하는 '치이타타' 프레이즈의 연속형이다. '타카탕' 프레이즈와 리듬감이 다른 점이 포인트다. 하이햇은 뒷박에서 단단히 클로즈해야 타이트한 프레이즈 느낌을 낼 수 있다.

32-04 » 16분음 뒷박 어프로치
Tempo 110　Number 180

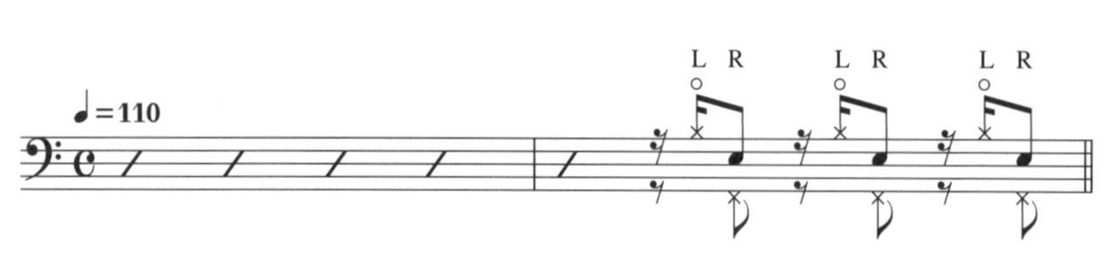

16분음 뒷박에 의한 특수한 음형이 연속되는 필인으로, 짧은 오픈 하이햇에 의한 날카로운 리듬감이 특징이다. 이 음형을 모두 스네어로 연주해도 이 프레이징의 긴박감을 표현할 수 있을 것이다. 타이밍을 잘 맞추자.

2박째 백 비트 빼기

33-01 » 3박째에 쉼표를 넣은 프레이즈①   Tempo **110** Number **181**

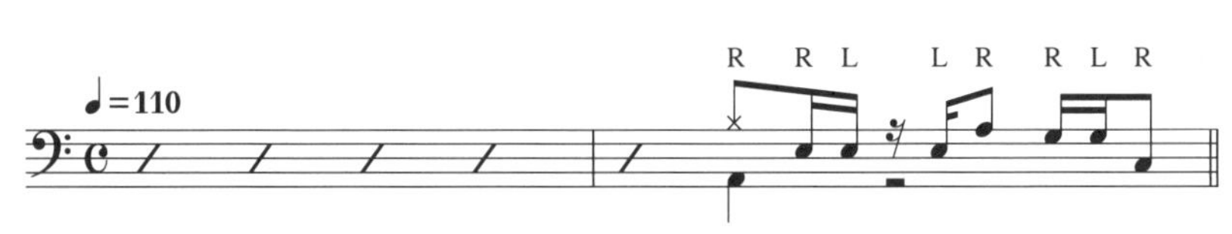

2박째에 스네어 백 비트를 넣지 않는 3박 필인이다. 실질적으로 2박 반 필인의 형태가 된다. 3박 필인은 이처럼 백 비트에서 연결되는 것만 있는 것은 아니므로, 이것을 익혀두면 베리에이션이 넓어질 것이다.

33-02 » 3박째에 쉼표를 넣은 프레이즈②   Tempo **110** Number **182**

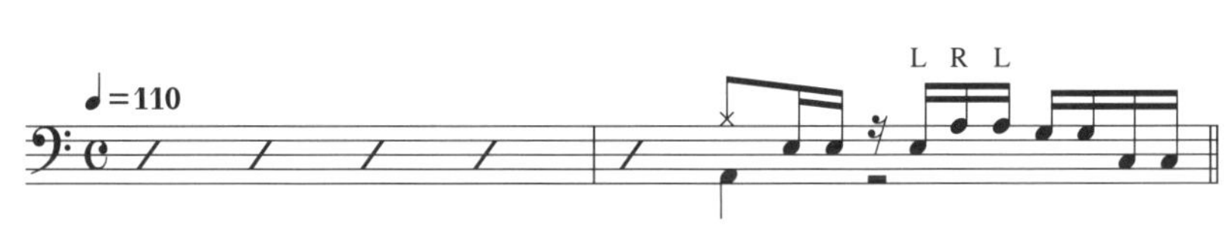

이것도 33-01과 같은 음형태로 시작되는 백 비트를 뺀 프레이징이다. 이 음형태로 시작되는 필인은 단순히 앞에 나온 2박 필인을 연결시켜도 좋지만, 3박째 시작부분을 악보 예처럼 쉼표로 하면 더욱 리드믹한 느낌을 연출할 수 있다.

33-03 » '우타탕' 시작 어프로치   Tempo **110** Number **183**

'우타탕' 프레이즈로 시작되는 어프로치로, 2박째 음형태와 4박째 음형태가 쌍을 이루는 것처럼 보인다. '우타탕' 프레이즈에서 킥이 없는 경우에는 앞 박(1박째)의 뒷박을 오픈 하이햇으로 하면 더욱 효과적이다.

33-04 » 백 비트 뒷박에서 시작되는 8분음 연타   Tempo **110** Number **184**

백 비트 뒷박에서 8분음 연타로 시작되는 프레이즈. '타카타동' 부분이 효과적으로 필인의 연결부분 기능을 하고 있다. 이 수법으로는 '탕타카'로 시작되는 2박 필인과 연결시켜도 같은 기능의 프레이즈를 만들 수 있다.

3박 프레이즈

3박 & 3박반 프레이즈 34

*Number 185부터 악보 위에 표기된 음형은 필인 각각의 기본이 되는 음형태다.

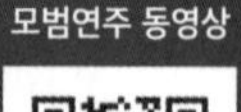

34-01 » **'탕타카, 탕' 어프로치**   Tempo **110**   Number **185**

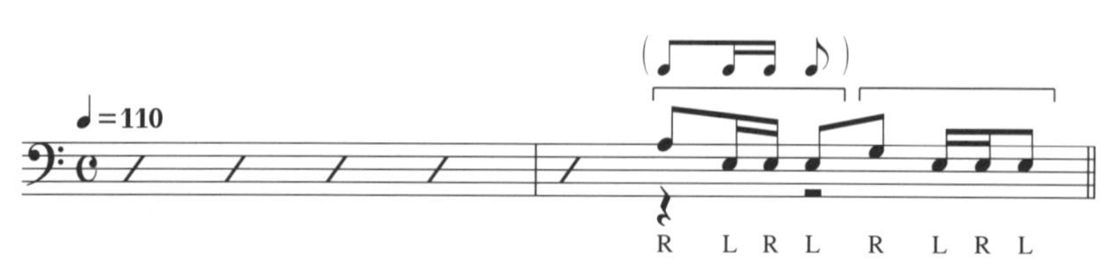

3박 프레이즈란 1박반 음형이 연속된 형태를 말한다. 넓은 의미에서는 유니트형 필인이라 해석할 수도 있다. 악보 예는 '탕타카, 탕'의 1박반 프레이즈를 반복한 것이다. 1박반 프레이즈와 같은 형태를 반복하는 것은 대표적인 수법이다.

34-02 » **'타카탕, 탕' 연속 어프로치①**   Tempo **110**   Number **186**

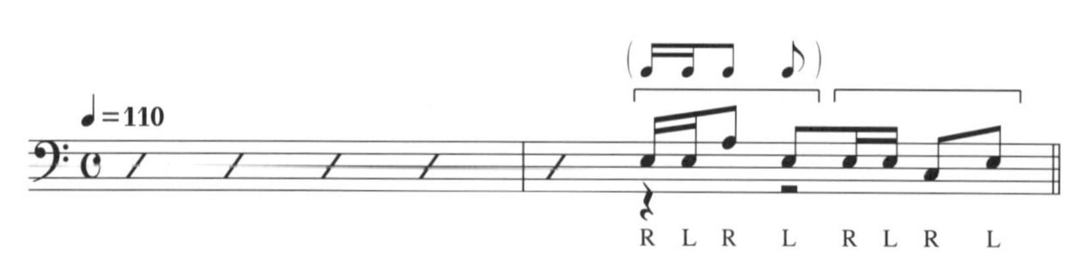

1박반 프레이즈를 '타카탕, 탕'으로 바꾼 것이다. 34-01와 마찬가지로 얼터네이트로 연주할 수 있다. 여기서 탐으로의 이동처럼 파트를 바꿔주면 프레이즈의 폭이 넓어진다. 이 '약간의 변화'가 3박 프레이즈에 익숙해지는 첫 걸음이다.

34-03 » **'타카탕, 탕' 연속 어프로치②**   Tempo **110**   Number **187**

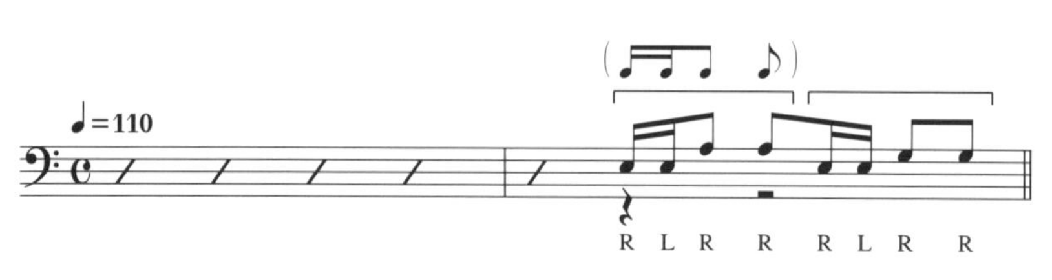

'타카탕, 탕' 음형태를 사용한 3박 프레이즈의 베리에이션이다. 탐 이동형이 달라지므로 순서를 RLRR로 바꾸면 매끄럽게 연주할 수 있을 것이다. 탐 대신에 오픈 하이햇(킥 추가)을 해도 필인으로 유효하다.

34-04 » **오른쪽으로 돌며 탐을 연주하는 '탕타카, 탕'**   Tempo **110**   Number **188**

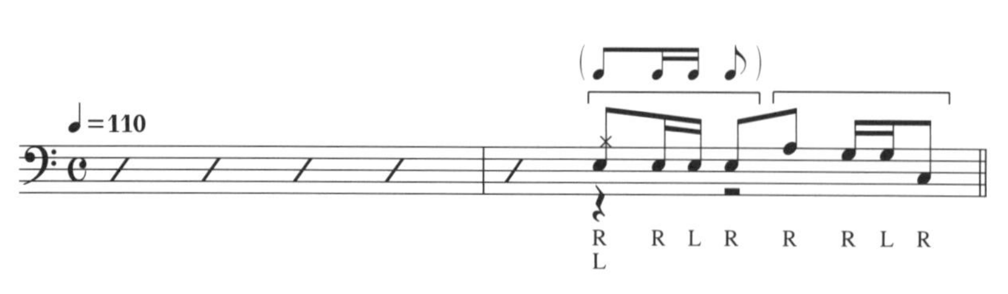

'탕타카, 탕' 음형에 의한 3박 프레이즈로, 여기서는 같은 프레이즈를 연속시키지 않고 같은 리듬만으로 오른쪽으로 돌아가며 탐을 연주한다. 즉 1박반의 첫번째는 스네어, 두번째는 탐을 돌아가며 연주한다.

 '타탕타, 탕' 프레이징 Tempo **110** Number **189**

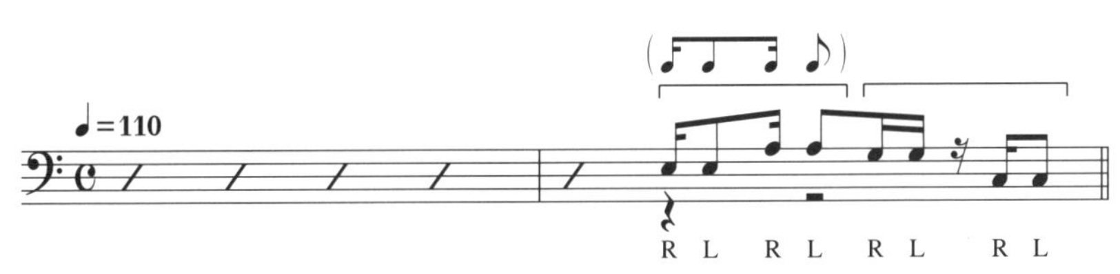

1박반 프레이즈에 '타탕타, 탕'을 사용한 필인이다. 이 음형은 2타씩 연결되는 리듬이 특징적이다. 이 특징을 살려서 탐을 돌아가며 연주한다. 기억하기 쉬운 프레이즈라고 생각한다.

 '타탕타, 탕'을 넣은 리듬 패턴 변화형 Tempo **110** Number **190**

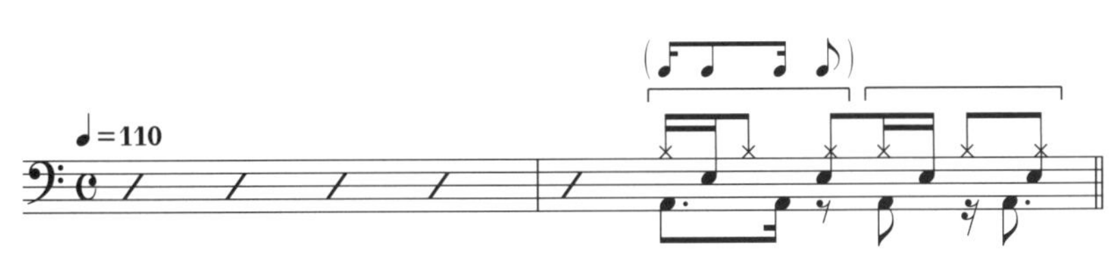

34-05와 마찬가지로 '타탕타, 탕'을 사용한 리듬 패턴의 변화형 필인 베리에이션이다. 킥과 스네어 리듬이 '도탕도탕, 도탕도탕'이 되어 1박반 패턴이 연결된 모양이다. 연주해보면 알 수 있다.

3박 & 3박반 프레이즈

35

3박 프레이즈와 같은 리듬을 가진 12/8박자

모범연주 동영상

Number 191-194

 '타카탕탕' 프레이즈 Tempo **80*** Number **191**

12/8박자는 8분음 3개가 하나의 비트(3개가 1박)가 되는 리듬이다. 즉 1박반 프레이즈로 구성된 3박 프레이즈와 같은 리듬이라 할 수 있다. 이것은 '타카탕탕'이 하나의 비트가 되는 프레이즈로, 느릿한 셋잇단음이라고도 할 수 있다.

 '타탕타탕'을 사용한 어프로치 Tempo **80*** Number **192**

'타탕타탕' 프레이즈를 활용한 필인이다. 35-01과 마찬가지로 셋잇단음으로 해석해서 2박 필인으로 보는 것도 가능하다. 3박 프레이즈에서는 1박반 프레이즈의 반복이 전제조건이지만, 12/8박자에서는 자유롭게 조합할 수 있다.

35-03 » '탕타카타카'를 사용한 프레이징　　Tempo 80 ＊　Number 193

'탕타카타카'라는 여섯잇단음 같은 프레이즈를 사용한 필인이다. 일반적인 4/4박자 리듬에서는 '탕, 타카타카'라는 8분음이 앞에 오는 형태의 1박반 프레이즈로서 3박 필인에 응용할 수 있다.

35-04 » 콤비네이션 1마디 필인　　Tempo 80 ＊　Number 194

1마디 필인의 베리에이션으로 후반에 킥을 넣은 콤비네이션형 어프로치다. 이 후반 프레이징은 킥을 반박으로 하는 1박반 프레이즈로도 사용할 수 있다. 여기서는 '탕타카타, 동'을 3박 프레이즈로 사용한 것이다.

3박 & 3박반 프레이즈 36

3박 프레이즈를 8분음 앞으로 슬립

36-01 » '타카탕, 탕'을 사용한 예①　　Tempo 110　Number 195

'타카탕, 탕'의 3박 프레이즈를 8분음 앞으로 슬립시킨 것이다. 실질적으로 3박반 필인이 되었다. 오픈 하이햇 연타는 스네어 타이밍에 클로즈한다. 1박째와 4박째가 같은 음형태가 된다.

36-02 » '타카탕, 탕'을 사용한 예②　　Tempo 110　Number 196

36-01과 완전히 같은 음형태의 필인 베리에이션이다. 여기서는 이동에 탐이 들어가 더욱 다이내믹한 프레이즈가 되었다. 마지막 박은 스네어로 마무리하는 것이 포인트다. 약간 화려한 록 같은 필인이다.

 '탕타카, 탕'을 사용한 예① Tempo **110** Number **197**

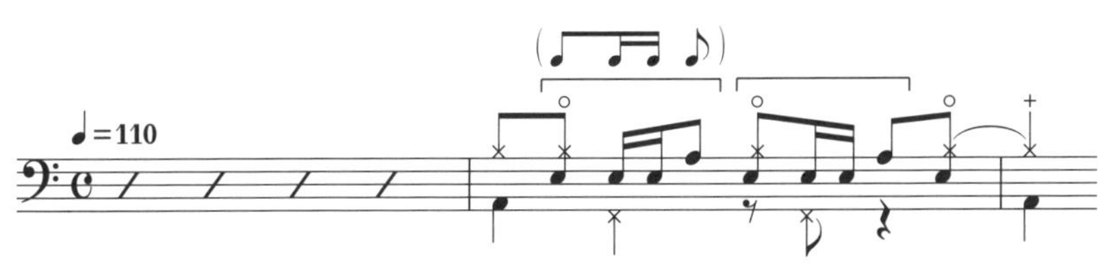

'탕카타, 탕'의 3박 프레이즈를 슬립시킨 필인 베리에이션이다. 8분음 부분에 오픈 하이햇을 넣었다. 오픈 하이햇이 들어감으로써 리듬 패턴 요소도 살짝 추가되었다.

36-04 » **'탕타카, 탕'을 사용한 예②** Tempo **110** Number **198**

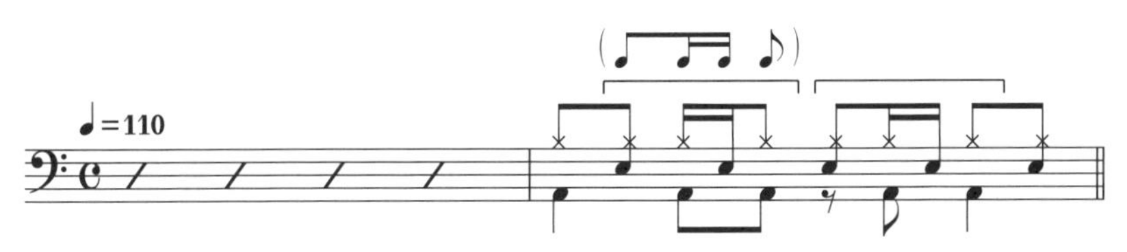

'탕타카, 탕' 프레이즈를 패턴화시킨 슬립형 필인이다. 이러한 리듬 패턴 변화형 필인은 반박 슬립시키면 사용하기 편하고 프레이즈를 구성하기도 쉽다. 4박째는 16분음 연타 프레이즈로 연결시켜도 좋다.

36-05 » **'타탕타, 탕'을 사용한 예①** Tempo **110** Number **199**

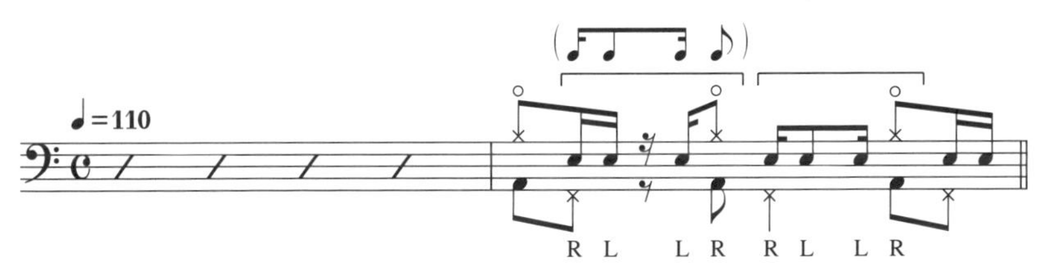

오픈 하이햇을 사용한 '타탕타, 치이'('타탕타, 탕'의 음형태) 프레이즈의 슬립형 필인이다. '타탕타'는 기본순서대로인 RLL로 때리고, 오픈 하이햇은 오른손으로 연주한다. '타탕타'의 통통 튀는 듯한 리듬을 이용한 어프로치다.

36-06 » **'타탕타, 탕'을 사용한 예②** Tempo **110** Number **200**

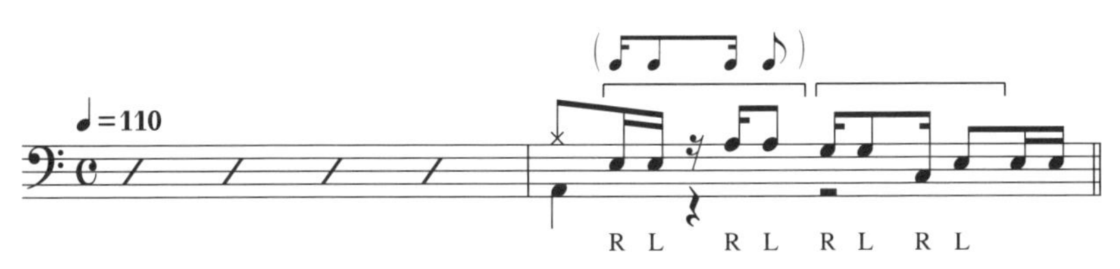

이것도 위의 36-05와 마찬가지로 '타탕타, 탕' 프레이즈에 의한 필인이다. 스네어에서 탐을 돌아가는 이동을 한 후에 다시 스네어로 돌아온다. '타탕타, 탕'은 얼터네이트로 자유롭게 이동할 수 있으므로 사용이 편리하다.

3박 & 3박반 프레이즈 37

셋잇단음 3박 필인

모범연주 동영상
Number 201-206

37-01 » 셋잇단음의 '가운데 빼기' 어프로치
Tempo **130**　Number **201**

셋잇단음에서 '가운데 빼기' 수법을 사용한 '탓타, 탓타, 타타타'라는 3박 프레이즈다. 통통 튀는 듯한 밝은 리듬감이 특징적이다. 연주순서를 잘 살펴보자. 2박째의 백 비트를 살린 형태의 필인 셋잇단음 버전이라고도 할 수 있다.

37-02 » 효과적인 셋잇단음 연타
Tempo **130**　Number **202**

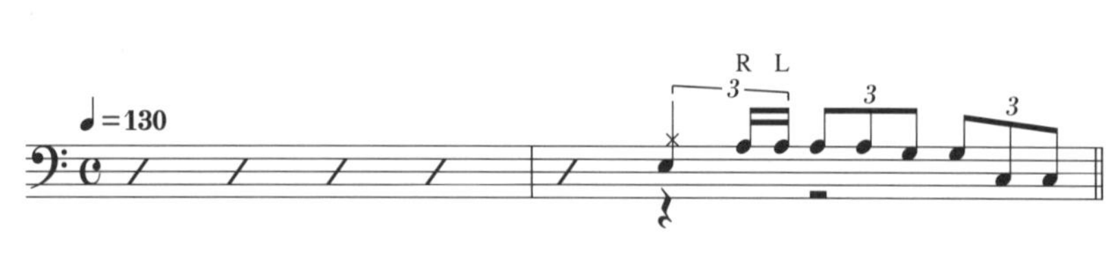

이것도 백 비트를 살린 프레이즈다. 2박 셋잇단음 연타형 필인에 드래그가 붙은 듯한 느낌이 특징이다. 이로 인해서 가속되는 듯한 느낌이 난다. 2박째 백 비트에 오픈 하이햇을 추가해도 효과적이다.

37-03 » 크래시를 강조하는 프레이즈
Tempo **130**　Number **203**

4박째 4분음을 크래시로 강조한 3박 필인으로, 3박째 뒷박의 킥이 그 효과를 돕고 있다. 플램으로 시작되므로, 필인으로 들어가기 전 1박째 하이햇은 4분음으로 멈추는 것이 좋다. 곡 흐름에 기세를 더할 때 효과적인 수법이다.

37-04 » 스네어의 악센트 이동
Tempo **130**　Number **204**

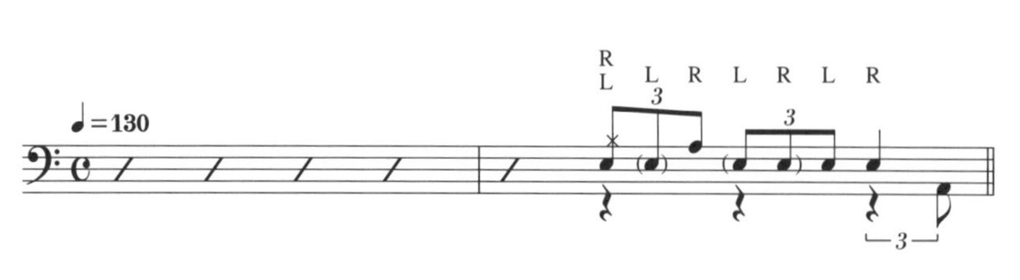

스네어의 악센트를 이동시키는 수법이다. 조금은 테크니컬한 필인이지만 그 효과도 크다. 모두 같은 음량으로 연주해보면 악센트의 차이를 확실하게 알 수 있다. 4박째 시작부분을 향해 서서히 강해지도록 연주하면 좋다.

 여섯잇단음 음형태를 사용한 어프로치　　Tempo **120**　Number **205**

3박 필인의 셋잇단음 연타 일부에 여섯잇단음이 추가되었다. 일반적으로 셋잇단음 연타 3박 필인은 왼손으로 시작하지만, 여섯잇단음을 한 곳에 추가하면 1타가 늘어나므로 오른손으로 시작한다. 스피드감도 더해져 일석이조다.

37-06 » **손발 콤비네이션과 크래시를 연타하는 복합형**　　Tempo **120**　Number **206**

복합적인 수법을 사용한 셋잇단음 3박 필인이다. 손발 콤비네이션에서 크래시 연타로 연결되는 수법으로, 록 느낌의 임팩트가 가득하다. 이러한 크래시 연타는 다른 필인의 마무리로도 효과적이다.

3박 & 3박반 프레이즈 38 여섯잇단음을 포함한 악센트 이동형

모범연주 동영상

Number 207-209

38-01 » **3박 프레이즈 슬립 예**　　Tempo **90**　Number **207**

3박 프레이즈 슬립형 프레이즈에 여섯잇단음(을 바탕으로 한 음형태) 드래그를 넣었다. 바운스하는 타이밍에서 여섯잇단음 드래그 부분은 RRL의 더블 스트로크로 악센트 이동을 한다. 마지막 플로어 탐은 오른손으로 때린다.

38-02 » **여섯잇단음 악센트 이동**　　Tempo **90**　Number **208**

여섯잇단음 악센트가 이동하는 스피디한 필인으로 같은 음형태가 연속된다. 악센트 이동 프레이즈는 싱글 스트로크로 연주하는 형태다. 악센트는 오른손 → 오른손 → 왼손이다. 오른손에서 연속되는 악센트를 정확하게 연주하자.

38-03 » 여섯잇단음 + 여섯잇단음 탐 돌리기

Tempo 90 **Number** 209

2박 필인에서 소개한 여섯잇단음으로 시작되는 프레이징에 여섯잇단음 탐 돌리기가 추가된 필인이다. 시작은 더블 스트로크가 들어간 악센트 이동형이다. 중간의 8분음이 여섯잇단음을 연결시켜주는 역할을 하고 있다.

3박 & 3박반 프레이즈

39

32분음을 넣은 체인지업

39-01 » '탕타카' + 32분음

Tempo 100 **Number** 210

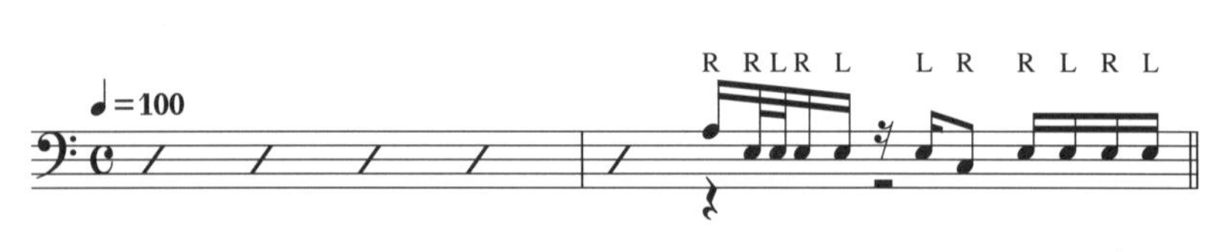

'탕타카' 음형태에 32분음을 더한 프레이즈로 시작되는 필인으로, 구성은 2박 유니트 프레이즈 + '타카타카'의 형태다. 32분음 부분도 얼터네이트로 연주해 3박 필인에 가속되는 느낌을 더하고 있다.

39-02 » 16분음 연타에 32분음을 더하는 어프로치

Tempo 100 **Number** 211

16분음 연타의 3박 필인에 32분음 4연타를 더한 프레이즈다. 포인트는 32분음 연타가 뒷박에서 시작되어 16분음으로 연결되는 드래그 같은 역할을 한다는 것이다. 흐름 속에 32분음을 더하는 수법이다.

39-03 » '타카탕, 탕'의 32분음 응용

Tempo 100 **Number** 212

32분음 3박 프레이즈라 할 수 있다. '타카탕, 탕' 프레이즈를 32분음에 응용한 형태로, 연속되면 1박반이 된다. 이 음형태를 그대로 4번 연속시키면 3박 필인도 만들 수 있다.

3박 필인의 응용 아이디어

40-01 » 크래시 뒷박에서 시작하는 패턴

Tempo **110**　Number **213**

2박째 백 비트를 크래시로 바꾸고, 그 뒷박에서 시작되는 필인이다. 이것은 1박반 프레이즈처럼 연결되어있어 3박 프레이즈의 슬립형이라고 해석할 수도 있다. 여섯잇단음 부분은 RRL 순서로 때린다.

40-02 » 슬로우 템포에서 효과적인 3박 필인

Tempo **80**　Number **214**

슬로우 템포에서 사용할 수 있는 3박 필인이다. 음표 간격이 서서히 좁아지면서, 4박째 앞의 러프로 연결된다. 가벼운 체인지업 효과를 가지고 있다. 이처럼 느린 템포에서는 음표 '간격' 선택의 폭도 넓어진다.

40-03 » 3박 필인을 2단으로 나누는 어프로치

Tempo **110**　Number **215**

3박째 하이햇 오픈이 3박 필인을 2개로 나누는 듯한 효과를 낸다. 2박째 '타카통'이 후반 2박필인의 도입부처럼 들리는 어프로치다. 1박 + 2박 구성의 필인이라고 생각하면 이해하기 쉬울 것이다.

40-04 » 둥둥 떠있는 느낌의 3박 필인

Tempo **130**　Number **216**

2박째 셋잇단음이 2박 셋잇단음 타이밍으로 구성된 3박 필인이다. 박의 흐름을 초월한 듯한 리듬감이 특징으로, 일부 셋잇단음은 두 번째 음에 연주 타이밍이 나타난다. 셋잇단음 연타형과는 다른 둥둥 떠있는 듯한 리듬을 느낄 수 있다.

40-05 » 레게 스타일 셋잇단음 · Tempo **130** Number **217**

레게 비트 특유의 오픈 림 샷 셋잇단음 계열 필인이다. 이것은 40-04와 같은 음형에서 시작부분을 뺀 것이다. 1마디에서 킥을 1번만 밟는 '원 드롭' 패턴의 흐름으로 3박째에서 킥을 밟는다.

40-06 » 시작부분을 뺀 셋잇단음 프레이즈 · Tempo **110** Number **218**

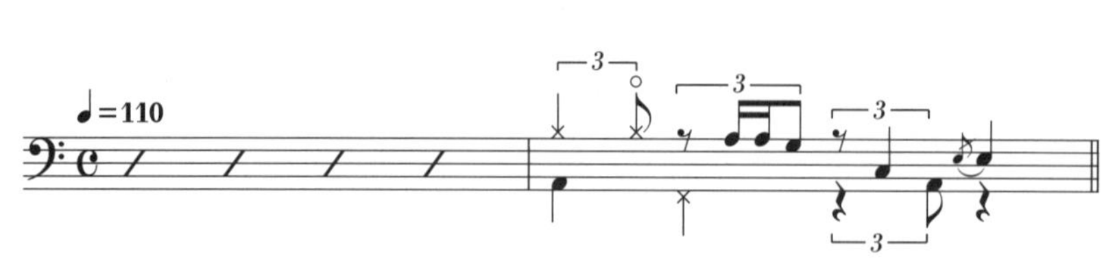

셔플 비트에 대응하는 셋잇단음 필인의 베리에이션. 1박째 뒷박의 하이햇 오픈부터 시작부분을 뺀, 셋잇단음 느낌의 어프로치다. 뒷부분은 킥에서 스네어 악센트로 연결되는 형태로, 약동감과 음과 음 사이를 잘 살리고 있다.

40-07 » 하프 오픈 하이햇과 탐을 돌아가는 복합형 · Tempo **110** Number **219**

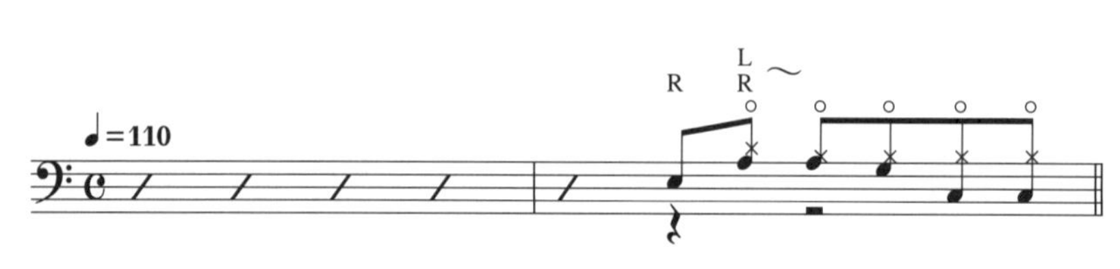

심플한 8분음 3박 필인. 하프 오픈 하이햇과 탐을 돌아가며 동시 연주하는 것이 포인트다. 이것으로 사운드가 두터워진다. 이 프레이즈는 하이햇을 왼손, 탐을 오른손으로 때린다.

총 정 리

의외로 사용하기 쉽다!? 3박 필인

3박 필인은 2박째 스네어 백 비트에서 시작되는 형태이므로 의외로 사용하기 쉽다. 백 비트를 8분음으로 '탕탕' 연타해서 필인으로 넘어가는 것을 재촉하는 수법은 대표적이다. 나머지는 후반에 2박 필인 프레이즈를 연결시켜 3박 필인이 완성된다. 이처럼 1박(도입) + 2박으로 프레이즈를 합치는 형태와 2박 + 1박(마무리)로 합치는 것도 가능하다. 두 가지 모두 2박 필인 프레이즈를 활용할 수 있다.

3박 필인에서 가장 특징적인 것이 3박 프레이즈를 사용하는 수법이다. 3박 프레이즈란 특정한 1박반 프레이즈를 연결시킨 것으로, 2박 필인에 의한 '유니트형' 프레이즈와 비슷한 성질이 있다. 여기에서 사용되는 1박반 프레이즈는 '타카탕, 탕', '탕타카, 탕' 등 16분음 음형태에 8분음을 하나 추가하는 것이 일반적이다. 우선은 이러한 음형태에 익숙해지면 3박 프레이즈를 사용할 수 있게 될 것이다. 이러한 수법은 특별한 것이 아니며, 실제로 사용되는 필인에서는 자주 나온다.

이러한 음형태는 3박보다 긴 필인에서도 사용된다. 이 경우는 필인 리듬에 독특한 흐름이 생겨나 프레이즈의 임팩트가 강해진다. 그리고 3박 프레이즈는 슬립시켜도 효과적이다. 여기에 사용되는 1박반 프레이즈는 12/8박자 또는 셋잇단음 필인의 음형태로도 사용될 수 있다.

이 장에는 여섯잇단음, 32분음을 이용한 약간은 테크니컬하고 스피디한 프레이징도 소개되었다. 각 장을 넘어갈 때마다 테크닉도 조금씩 향상될 것이다.

제4장

4박 프레이즈

이 장에서는 필인의 꽃이라 할 수 있는 4박 필인을 소개한다.
여기에는 2박 프레이즈, 3박 프레이즈 등 지금까지 설명한 요소도 포함되어있다.
이 장의 해설을 바탕으로 더욱 향상된 필인을 목표로 삼아보자.

손발 콤비네이션에 의한 '타도타도' (~♪♪♪♪)연결

41-01 » '탕탕, 타카탕'을 더한 어프로치

Tempo 120 　Number 220

8분음 콤비네이션을 사용한 '타도타도' 프레이즈 앞에 대표적인 2박 프레이즈 '탕탕, 타카탕'을 붙인 4박 필인이다. 다른 수법의 프레이즈끼리 만나서 작용하는 흐름을 보여주는 필인이다.

41-02 » 8분 하이햇을 유지시키는 리듬 패턴 변화형

Tempo 120 　Number 221

리듬 패턴 변화형 필인으로, 하이햇은 8분음으로 유지시키고, 후반에는 '타도타도' 프레이즈가 활용되었다. 하이햇은 하프 오픈 느낌으로 스네어와 함께 악센트를 주면 리듬 변화가 강조되어 필인 효과를 높여준다.

41-03 » '타카타동'을 앞에 붙인 패턴①

Tempo 120 　Number 222

여섯잇단음을 사용한 수법으로, 여러 번 나온 '타카타동' 프레이즈를 시작에 사용한 4박 필인이다. 전체적으로 손발 콤비네이션으로 연결된 것이 포인트다. 전반의 임팩트와 후반의 안정감 있는 조합이 핵심이다.

41-04 » '타카타동'을 앞에 붙인 패턴②

Tempo 120 　Number 223

41-03의 여섯잇단음 프레이즈를 8분음 이동시킨 것이다. 이 슬립 수법에 의해 스피드감이 달라진다. 실제로는 3박반 필인이 되며, 슬립을 사용해 베리에이션을 만드는 수법에 참고가 될 것이다.

8분음을 사용하는 4박 필인

42-01 » 8분음 탐 + 4분음 스네어
Tempo 130　Number 224

8분음으로 탐을 돌아가고 마지막은 스네어 4분음으로 마무리한다. 사운드도 안정적인 흐름의 필인이다. 탐은 모두 오른손으로 때리고, 킥을 사이에 두고 스네어 플램으로 돌아오는 심플한 움직임이다.

42-02 » 플로어 탐과 스네어 양손 연주
Tempo 130　Number 225

플로어 탐과 스네어 양손 연주에서 탐을 돌아가는 것으로 진행된다. 양손 연주를 크레셴도 시키면 더욱 효과적이다. 이 2박 양손 연주 수법은 필인의 도입으로서 잘 기능하며, 후반은 16분음으로 체인지업시켜도 효과적이다.

42-03 » 8분음 '타탓탓타탕'
Tempo 130　Number 226

16분음 유니트형 프레이즈인 '타탓탓타탕'을 8분음으로 느리게 연주한다. 전반은 오픈 하이햇의 '타치이치이'로 시작해서 후반은 스네어와 플로어 탐으로 안정시켜서 마친다. 균형이 잘 잡힌 필인이다.

42-04 » 스네어를 강조하는 플램 연주 패턴
Tempo 130　Number 227

이것도 리듬 패턴 변화형 중 하나로, 하이햇을 때리지 않고 스네어를 플램으로 강조한다. 손발 콤비네이션을 바꾸면 다른 베리에이션도 만들 수 있다. 모두 8분음으로 채우는 것이 포인트다.

16분음 연타 이동

43-01 » 스네어와 탐의 왕복 수법

Tempo 120　Number 228

4박 필인에서 16분음은 말 그대로 16개의 음이 늘어서므로 베리에이션이 다양하다. 이 것은 탐과 스네어를 왕복하는 움직임이 포인트이며, 사운드도 자극적이다. 후반만 보면 평범하게 탐을 돌아가는 것처럼 보인다.

43-02 » 스네어와 탐 2타 왕복 어프로치

Tempo 120　Number 229

탐과 스네어를 2타씩 왕복 이동하는 형태가 더욱 강조되었다. 테크니컬한 가속감이 더해져 헤비메탈이나 펑크 등의 스피드 계열 록에서 특히 많이 사용되는 이동 수법이다. 이동 테크닉 향상에도 도움이 된다.

43-03 » 왼쪽으로 돌아가는 탐

Tempo 120　Number 230

탐의 움직임에 특징을 준 것으로, 포인트는 반대방향으로 돌아가는 탐 이동이다. 탐을 왼쪽으로 돌리면 음정이 올라가 독특한 프레이즈감을 연출할 수 있다. 스네어에서 시작되어 다시 스네어로 돌아간다.

셋잇단음 연타 이동

44-01 » 2타씩 이동하는 패턴

Tempo 130 Number 231

셋잇단음으로 2타씩 이동하는 베리에이션이다. 셋잇단음 필인에서 이처럼 2타씩 이동하는 것은 기본이며, 3타씩 이동하는 것보다 많이 볼 수 있다. 오른손부터 이동하므로 연주하기 쉽다는 점이 그 이유 중 하나일 것이다.

44-02 » 3타째에서만 탐을 이동하는 수법

Tempo 130 Number 232

셋잇단음 중에서 3타째에서만 탐 이동을 한다. 양손으로 이동하는 형태와는 다른 느낌이다. 셔플 비트에서 바운스를 내는 것도 셋잇단음의 세 번째이므로, 리듬의 흐름이 멈추지 않도록 연주해야 한다.

44-03 » 이동 타수에 변화를 주는 어프로치

Tempo 130 Number 233

1박째는 1타씩 이동하고, 2박째부터는 4타, 2타, 2타, 1타로 파트를 이동한다. 후반의 이동은 모두 왼손에서 이루어진다. 짝수로 때릴 때에도 셋잇단음에서는 이처럼 왼손부터 이동하는 경우가 있다.

Drum Fill-In Encyclopedia 413

2박 프레이즈의 모티베이팅

45-01 » '탕탕, 타카탕' 사용 예①

Tempo 120   Number 234

모티베이팅이란 1개의 프레이즈(음형태)를 바탕으로 변화, 발전시키는 수법으로 4박 필인의 경우는 2박의 음형태를 이용한다. 이것은 '탕탕, 타카탕'의 모티베이팅으로, 전반과 후반에서 이동에 변화를 주고 있다.

45-02 » '탕탕, 타카탕' 사용 예②

Tempo 120   Number 235

이것도 '탕탕, 타카탕' 음형태의 모티베이팅으로, 전반과 후반의 프레이징이 크게 다르다. 이러한 대담한 변화는 같은 음형 반복에 의한 단조로움을 없앨 수 있다. 음형태의 연결에 킥을 넣은 것도 포인트다.

45-03 » 여섯잇단음 음형태를 사용한 수법

Tempo 120   Number 236

2, 4박째에 여섯잇단음을 포함한 음형태를 사용한 모티베이팅 필인이다. 전반과 후반에서 여섯잇단음 표현 방법이 다르다. 이동 베리에이션은 물론, 변화에 어떠한 아이디어를 담는가가 모티베이팅의 포인트다.

45-04 » '타카탕, 탕타카' 사용 예

Tempo 120   Number 237

'타카탕, 탕타카' 음형태를 사용한 필인으로, 3박째 하이햇 오픈이 '기승전결'의 '전'과 같은 기능을 한다. 필인 프레이즈를 모두 '기승전결'에 연결시키기는 어렵더라도 이것은 효과적인 사고방식이다.

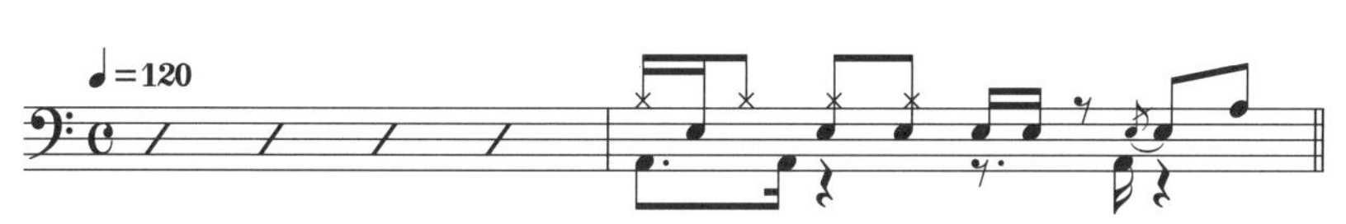

'타탕타, 탕탕' 음형태에 의한 모티베이팅 필인으로 전반은 리듬 패턴의 변화형, 후반은 일반적인 프레이즈에서 수법을 바꾼 것이 특징이다. '타탕타' 리듬 특성이 강하므로 4박째의 음형태를 더 변화시켜도 좋을 것이다.

이것도 '타탕타'를 포함한 음형태의 모티베이팅 필인으로, 전반에 손발 콤비네이션을 사용하고 있다. 이처럼 킥을 잘 넣으면 유기적으로 연결되고, 일체감이 느껴지는 필인 프레이즈를 만들 수 있다.

32분음을 원포인트로 넣은 16분음 연타 프레이즈다. 전반과 후반이 완전히 같은 음형태로, 이동만 달라졌다. 각각의 필인 시작과 끝에 적합한 이동 수법을 사용하고 있는 것이 포인트다.

'탕타타, 응타탕'의 유니트형 프레이즈를 사용한 모티베이팅 수법으로, 후반은 음형태도 달라졌다. 이동방법은 Ex-240(45-07)과 비슷하다. 이 이동패턴은 다른 2박 음형에도 응용할 수 있다.

4박 프레이즈 46

셋잇단음 모티베이팅

46-01 » '탓타, 타타타'를 사용한 어프로치

Tempo 130　Number 242

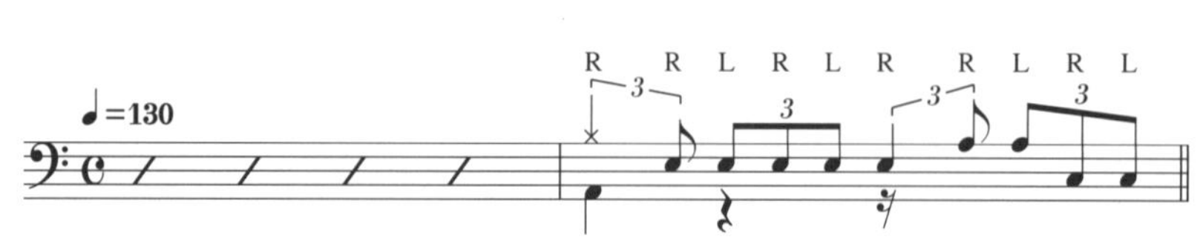

'탓타, 타타타' 음형을 사용한 모티베이팅 필인이다. 하이햇부터 들어가는 방법은 셔플계열 리듬에서 연결시킬 때 좋다. 후반은 탐을 돌아가는 것으로 변화한다. 탐을 돌아가는 형태는 안정된 프레이징의 대표적인 방법이다.

46-02 » 여섯잇단음을 더한 모티베이팅 필인

Tempo 120　Number 243

셋잇단음에 여섯잇단음을 원포인트 추가한 음형의 모티베이팅 필인이다. 모두 얼터네이트로 연주할 수 있으며, 탐 이동도 오른손부터 시작한다. Ex-242(46-01)과는 스피드감이 다르다는 것을 알 수 있다.

46-03 » 2박 셋잇단음 어프로치

Tempo 130　Number 244

2박 셋잇단음을 이용한 어프로치다. 큰 프레이즈의 느낌이 나므로 브리티시 셔플, 메탈계열 록 등의 그루브에서 사용하면 효과적이다. 박에 맞춘 리듬은 '탓타, 타탕'이다.

46-04 » '타탕, 탓타' 모티베이팅

Tempo 130　Number 245

2박 셋잇단음의 후반부 연주라 할 수 있는 '타탕, 탓타'의 리듬을 사용한 모티베이팅이다. 전반은 킥을 중심으로 하고, 후반에는 오픈 하이햇을 더한 독특한 수법이다. 오픈 하이햇을 사용한 2박 필인으로 효과적이다.

'샌드위치 방식' 응용형

모범연주 동영상

Number 246-251

47-01 » '타카타카' 사이에 끼우는 수법 — Tempo 120 · Number 246

샌드위치 방식은 같은 1박 음형 사이에 2박 필인 프레이즈가 끼워진 것으로, 유니트형을 사용하면 샌드위치 효과를 더욱 잘 낼 수 있다. 악보 예는 유니트형의 2박 필인을 '타카타카' 음형 사이에 끼운 것이다.

47-02 » '타카탕' 사이에 끼우는 수법 — Tempo 120 · Number 247

위의 47-01과 같은 유니트형 프레이즈를 '타카탕' 사이에 끼운 샌드위치 방식이다. 유니트형 2박 프레이즈 연주에 익숙하다면, 앞뒤에 1박을 붙이는 것뿐이므로 연주하기 쉬운 필인이다.

47-03 » '탕타카' 사이에 끼우는 수법 — Tempo 120 · Number 248

가운데의 2박 유니트형 프레이즈를 '타탕탕 타탕'으로 바꾼 것이다. 앞뒤의 1박 프레이즈는 '탕타카' 음형에 리드믹한 흐름을 주었다. 음형태 선택에 따라서 전체 프레이즈의 느낌도 달라진다.

47-04 » '여섯잇단음' 사이에 끼우는 수법 — Tempo 120 · Number 249

가운데 프레이즈 앞뒤를 여섯잇단음(바탕의 음형태)이라는 큰 틀로 본 어프로치. 샌드위치 방식에 익숙해지면 이렇게 앞뒤의 프레이즈에 변화를 줄 수 있다. 시작과 마무리에 적합한 프레이즈를 다양하게 생각해보면 더욱 효과적인 프레이징을 할 수 있다.

47-05 » '타아안타' 사이에 끼우는 수법

Tempo 120 **Number** 250

1, 4박째의 음형을 '타아안타'를 바탕으로 한 것으로, 스네어의 고스트 노트를 이용한 프레이즈다. 4박째는 여섯잇단음(바탕의 음형태) 드래그로 다음 박자로 연결시킨다. 기교가 있고, 펑키한 수법이다.

47-06 » '타도타도'를 가운데에 담은 패턴

Tempo 120 **Number** 251

이 장의 앞부분에 나온 '타도타도' 프레이즈를 사용한 샌드위치형이다. 이처럼 특징적인 2박 프레이즈는 샌드위치의 내용물로 사용할 수 있다. 2박째 시작부분이 플램이므로 1박째 뒷박이 킥이 되었다.

48 4박 프레이즈

3박 프레이즈로 시작하는 필인

모범연주 동영상

Number 252-257

48-01 » 3박 프레이즈 + 1박

Tempo 130 **Number** 252

3박 프레이즈에 1박을 더한 4박 필인이다. 1박반 프레이즈는 '타카탕, 탕'을 얼터네이트로 이동하는 형태다. 3박째 뒷박은 원래라면 스네어지만, 4박째로의 연결을 고려해 플로어 탐과 함께 양손으로 연주했다.

48-02 » 크래시로 시작하는 3박 프레이즈

Tempo 130 **Number** 253

크래시로 3박 프레이즈를 시작한다. 마지막 박은 크래시 연타로 인해 화려한 록 느낌이 난다. 빠른 템포에서의 적용을 고려하면 이처럼 얼터네이트로 연주하는 것이 좋다.

'탕타카타, 동' 형태의 1박반 프레이즈가 사용된 패턴이다. 이 프레이즈 시작부분은 크래시와 스네어를 동시에 때린다. 48-02와 마찬가지로 크래시를 악센트로 연주하며, 각각 다른 크래시를 때리면 효과적이다.

48-03 음형태의 반전형으로, 여섯잇단음 부분의 이동도 약간 달라졌다. 3박 프레이즈는 경우에 따라서 악보 예처럼 반전시켜 베리에이션을 만들 수 있다. 시작과 끝이 '여섯잇단음'이어서 더욱 강한 임팩트를 줄 수 있다.

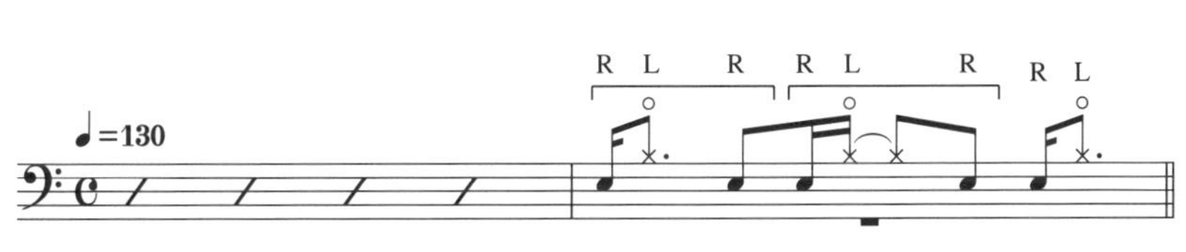

하이햇 오픈을 점8분음으로 늘인 3박 프레이즈 필인이다. 독특한 리듬의 3박 프레이즈로, 4박째도 '타치이'로 마무리된다. 하이햇은 열어둔 상태에서 왼손으로 때리고, 스네어는 오른손으로 연주한다.

바운스하는 16비트 필인으로, 1박반 프레이즈에는 '타탕타, 탕' 음형이 사용되었다. 음이 통통 튀므로 균등한 16분음과는 상당히 다른 느낌이다. 1박반 프레이즈에 스네어 러프를 더했다.

4박 프레이즈
49
홀수로 나뉘는 필인

모범연주 동영상

Number 258-262

49-01 » '탕타카' + 16분쉼표
Tempo 120　Number 258

홀수로 나뉘는 프레이즈는(16분음 5개, 7개 등 홀수로 나뉘는 음형태) 3박 프레이즈의 발전형이라 할 수 있다. 이것은 '탕타카 + 16분쉼표'와 같이 16분음을 5개로 나눈 것이며, 마지막에는 8분쉼표로 길이를 맞춘다.

49-02 » 탐 이동을 포함한 '탕타카' + 16분쉼표
Tempo 120　Number 259

이것도 '탕타카 + 16분쉼표'의 16분음을 5개로 나눈 것으로, 프레이즈마다 탐이 이동한다. 마지막 8분음에서는 플로어 탐으로 이동한다. 5개로 나눈 리듬에서 16분쉼표를 정확하게 연주하는 것이 포인트다.

49-03 » '탕타탕탕'을 사용한 수법
Tempo 120　Number 260

'탕타탕탕'의 16분음을 7개로 나눈 프레이즈를 사용한 4박 필인이다. 마지막에는 8분음 1개가 남으므로 스네어를 연타한다. 변칙적이어서 박을 세면서 연주하기는 어렵지만 일반적인 필인과는 다른 느낌을 내준다.

49-04 » 오픈 하이햇을 넣은 패턴
Tempo 120　Number 261

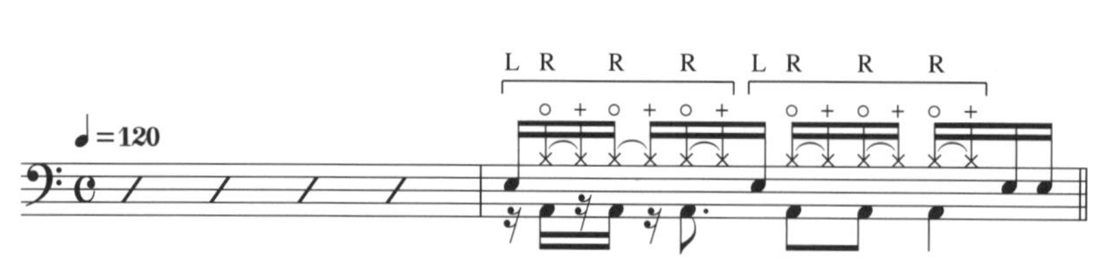

16분음을 7개로 나눈 프레이즈에 오픈 하이햇을 넣었다. 스네어 뒤에서 오픈 하이햇이 3번 연속되면서 연결되는 형태로, 이것이 16분음 뒷박에서 8분음 타이밍으로 변화한다. 홀리는 듯한 느낌을 주는 수법이다.

셋잇단음을 4개로 나누기

여기서는 셋잇단음을 4개로 나눈다. 셋잇단음 자체가 홀수이므로 짝수로 나누면 리듬의 흐름이 달라진다. 이 패턴은 '장타타' 프레이즈가 3번 연속되는 형태의 큰 리듬감으로 변화한다.

4박 프레이즈 50
더블 스트로크를 포함한 악센트 이동형

더블 스트로크에서의 고스트 노트 사용 예

스네어의 고스트 노트(왼손)를 더블 스트로크로 연주해서 악센트를 이동시키는 패턴이다. 프레이즈의 형태는 3박 프레이즈와 같다고 할 수 있다. 오른손 악센트를 자유롭게 이동시킬 수 있어 스피디한 플레이가 가능하다.

8분음 뒷박부터 16분음을 3개로 나누기

Ex-263(50-01)의 슬립형 수법으로, 8분음 뒷박부터 16분음을 3개로 나누는 프레이즈가 시작된다. 이것으로 악센트의 위치관계가 달라진다. 포인트는 4박째 처리방법에 있으며, 실질적으로 3박 프레이즈가 아니다.

RLL 순서의 음형태 랜덤 조합

RLL 순서에 의해 음형태를 랜덤으로 조합하는 패턴이다. 2박째 이외에는 모두 16분음으로 채우며, 이 한 순간의 틈이 전체적인 분위기에 큰 영향을 준다. 시작은 1박반 프레이즈로 해석할 수 있다. 여기서도 LL로 효율적으로 움직인다.

50-04 » 4비트에서 셋잇단음의 세 번째에 주는 악센트

Tempo **140**　Number **266**

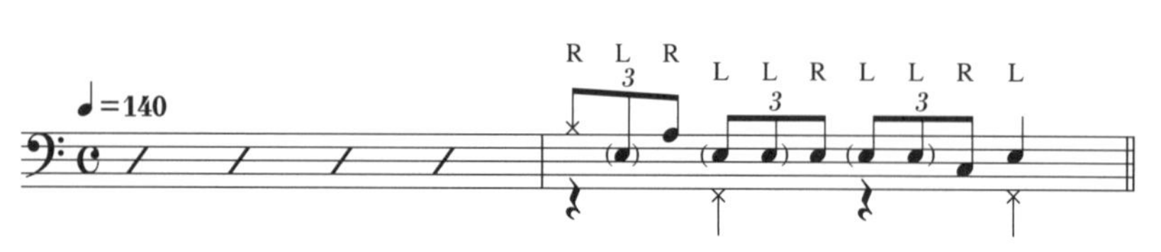

재즈 드럼의 악센트 이동형 필인이다. 4박째 이외의 악센트는 모두 오른손으로 연주하고, 빈틈을 왼손 고스트 노트로 채운다. 이처럼 셋잇단음의 세 번째에 악센트를 집중시키면 필인의 스윙감도 높아진다.

50-05 » 오른손으로 악센트를 주는 4비트 예

Tempo **140**　Number **267**

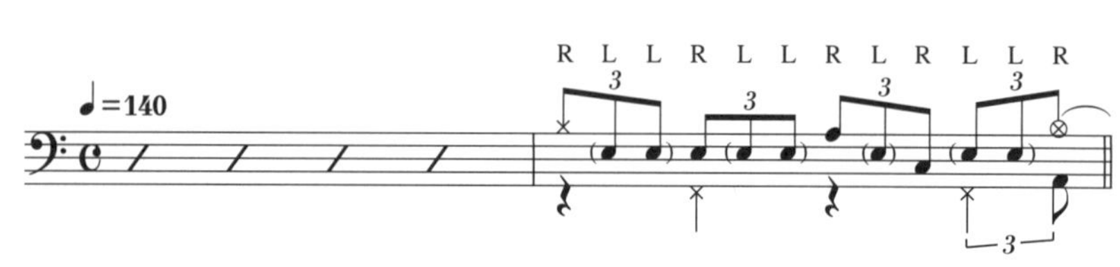

4비트에서 사용할 수 있는 필인의 예다. 마지막 싱커페이션을 포함해 악센트는 모두 오른손으로 연주한다. 4비트에는 이처럼 싱커페이션이 있는 필인도 많이 사용된다. 스네어의 고스트 노트로 매끄럽게 연결시켜보자.

50-06 » 4비트 체인지업

Tempo **140**　Number **268**

4비트에서 체인지업 하는 필인 수법이다. 이 패턴도 마지막에는 싱커페이션으로 연결시킨다. 왼손 고스트 노트 더블을 킥으로 연결시키는 것이 포인트로, 효율적으로 이동을 하면서 가속되는 느낌도 낼 수 있다.

4박 프레이즈 51 '우타탕'(♩♪♪)으로 시작하는 패턴

51-01 » 앞으로 슬립시키는 백 비트 8분음 연타

Tempo **120**　Number **269**

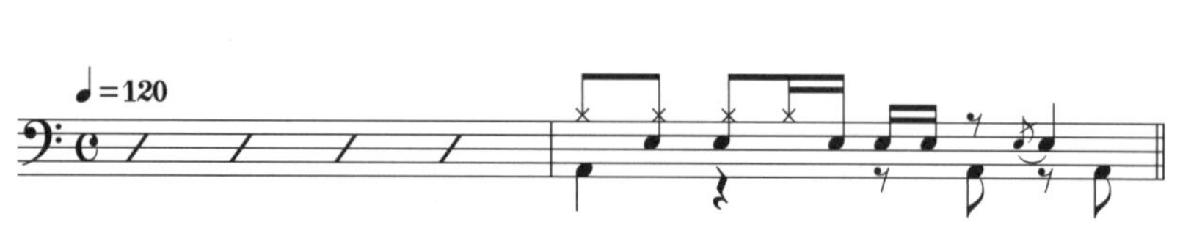

백 비트(2박째)를 사용한 8분음 연타의 3박 필인을 앞쪽으로 슬립시킨 형태다. 2박째는 16분음 걸기 프레이즈로 연결시켰다. 2박째의 백 비트를 인식할 수 있도록 연주하는 것이 포인트다.

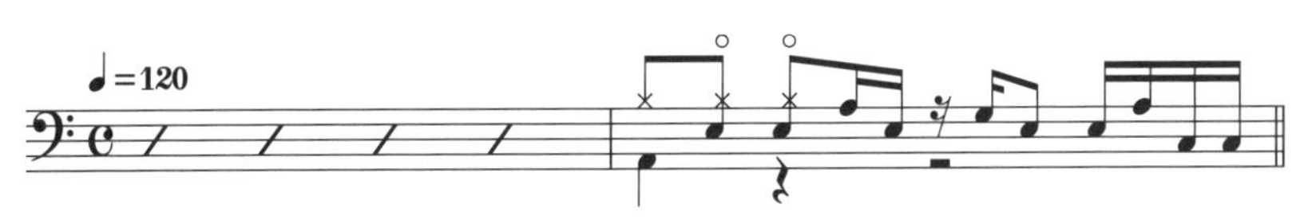

51-02 » 오픈 하이햇을 더한 패턴

Tempo 120　Number 270

시작부분에 오픈 하이햇을 더한 형태로, 2, 3박째가 유니트형 프레이즈인 것이 포인트다. 이 프레이즈에서도 2박째 백 비트를 인식할 수 있다. 유니트형 프레이즈의 쾌활한 리듬이 이용되었다.

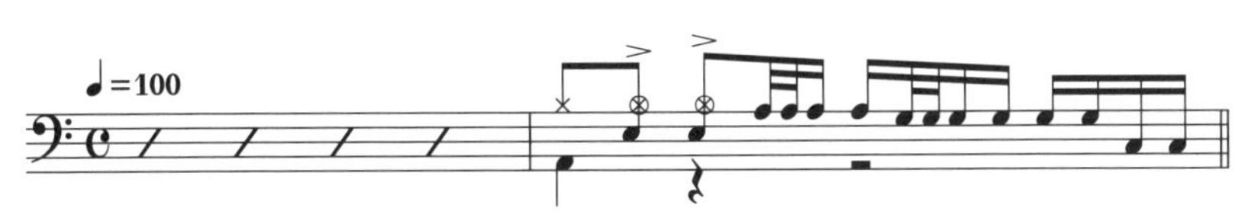

51-03 » 크래시 + 32분음을 넣은 수법

Tempo 100　Number 271

시작부분에 크래시를 더해 강한 악센트로 만들고, 그 뒤의 32분음표를 조합한 스피디한 프레이즈로 연결시키는 필인이다. 체인지업의 느낌도 더해진다. 탐의 이동은 얼터네이트로 연주한다.

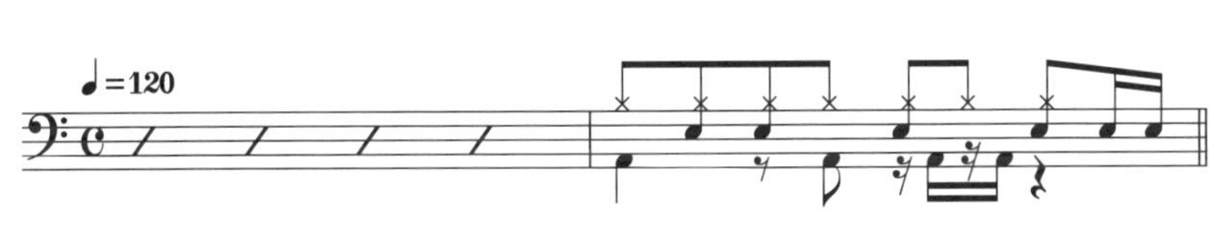

51-04 » 리듬 패턴 변화형

Tempo 120　Number 272

'우타탕' 프레이즈를 리듬 패턴의 변화형 어프로치에 응용한 필인으로, 후반은 16분음에 의해 체인지업하는 느낌도 있다. 후반에 지금까지 나온 '타도타도' 프레이즈를 연결시키면 8분음 형태의 필인을 만들 수도 있다.

51-05 » 바운스를 주는 필인

Tempo 90　Number 273

느린 바운스 리듬에서의 필인으로, 시작부분의 '우타탕'으로 틈을 충분히 주었다. 후반에서 리듬에 움직임을 주며, 체인지업 느낌에는 마지막 여섯잇단음(을 바탕으로 하는 음형태)이 큰 역할을 한다.

51-06 » 느린 템포에서의 대조 수법

Tempo 80　Number 274

이것도 느린 템포에서의 패턴 예로, 3박째로 연결되는 탐의 32분음 연타가 드래그 역할을 한다. 시작의 '우타탕' 하는 느린 리듬의 흐름과 후반의 16분음 리듬 흐름의 대조를 탐 연타로 잘 연출해보자.

싱커페이션으로 연결시키는 어프로치

52-01 » 8분음을 축으로, 탐을 돌아가는 패턴

Tempo **150**　Number **275**

8분음 중심으로 하면서 싱커페이션으로 연결시킨다. 탐을 돌아가면서 한 번만 스네어로 이동하는 형태로, 오른손을 많이 사용하는 연주순서도 포인트다. 후반의 2박 프레이즈는 이 연주순서 그대로 독립시켜도 사용이 가능하다.

52-02 » 16분음 음형태를 넣은 수법

Tempo **120**　Number **276**

16분음의 음형태를 넣은 패턴이다. 4박째의 싱커페이션으로 연결시키는 방법은 제1장에서도 나왔던 형태다. 1박째 뒷박부터 시작되는 프레이즈는 유니트형 '탕타탕타탕'의 슬립형으로도 해석할 수 있다.

52-03 » 왼손이 리드하는 16분음 연타

Tempo **120**　Number **277**

왼손이 리드하는 16분음 연타로, 오른손(16분음의 뒷박)에만 악센트를 준다. 리듬면에서도 긴장감이 느껴지며, 마지막에 크래시를 때리지 않고 킥만으로 연결시켜도 4박 필인으로서 효과적이다.

52-04 » 16분음으로 연결시키는 어프로치

Tempo **110**　Number **278**

싱커페이션으로 연결시키는 필인으로, 8분음 리듬의 흐름에서 4박째에서 16분음으로 순식간에 바뀐다. 마지막 싱커페이션을 오픈 하이햇으로 하면 프레이즈의 느낌이 더욱 타이트해진다.

16분음 싱커페이션으로 연결시키는 필인으로, 16분음 연타로 구성된다. 3박째의 16분 쉼표에서 시작되는 32분음 연타가 포인트로, 프레이즈 안에서 '가속용 부스터' 같은 역할을 한다.

하이햇을 양손으로 때리는 16비트 패턴에서 많이 볼 수 있는 수법. 오른손 스네어와 왼손 하이햇이 16분음으로 연타한다. 3박째까지 하프 오픈 하이햇이며, 마지막 오픈 하이햇에서 가장 세게 때린 다음 클로즈한다.

53　4박 프레이즈　하프 타임 발라드의 베리에이션

하프 타임 8비트 발라드에 사용할 수 있는 4박 필인이다. 발라드 계열 리듬에서는 음을 가득 담는 것 외에도 이처럼 공간을 의식하는 프레이즈 만들기도 중요하다. 플램은 간격을 조금 넓혀주면 효과적이다.

플램 연주로 구성된 패턴이다. 느린 템포에 어울리는 수법으로, 1타 1타의 음이 두터워져서 프레이즈에 설득력이 강해진다. Ex-281(53-01)보다 리듬에 움직임이 있으므로 상황에 따라 선택해서 사용해보자.

53-03 » 플램 후, 16분음으로 연결시키는 필인

Tempo 130　Number 283

플램 후, 2박째에서 16분음으로 연결되어 드래그처럼 기능하는 패턴으로, 프레이즈가 더욱 스피디해진다. 플램이 8분음 뒷박에 들어가는 수법은 발라드에서 많이 볼 수 있다.

53-04 » 16분음 연타

Tempo 130　Number 284

16분음 연타에 의해 드래그처럼 시작되는 4박 필인으로, 리듬의 흐름이 스트레이트하다. 1박째 시작부분은 하이햇이나 크래시를 연주해 연결시켜도 좋다. 색채가 강하지 않아 다양한 상황에서 사용하기 편리한 필인이다.

53-05 » 공간적이면서도 리드믹한 어프로치

Tempo 130　Number 285

공간을 잘 살리면서도 리드믹한 느낌이 있어 발라드는 물론 보사노바에서도 사용할 수 있다. 탐을 돌릴 때에는 오른손으로, 마지막 스네어는 왼손으로 연주한다.

53-06 » 하이햇으로 만들어내는 정숙한 필인

Tempo 130　Number 286

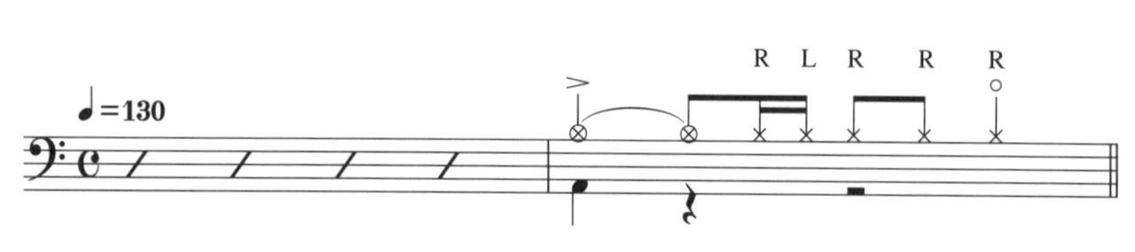

조용한 분위기를 만들고 싶을 때에 효과적인 하이햇 필인이다. 16분음 부분에서는 왼손도 사용한다. 이 필인으로 들어가기 전에 분위기가 고조되는 부분이 있더라도 이 필인을 사용하면 단숨에 차분하게 만들 수 있다.

53-07 » 하이햇으로 만들어내는 경쾌한 필인

Tempo 130　Number 287

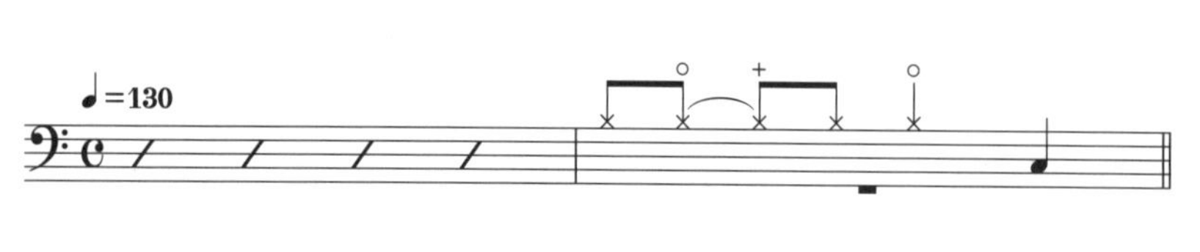

하이햇만 사용하는 필인이다. 이 프레이즈는 오른손만 사용하고 클로즈 하이햇 부분은 연주하지 않는 것이 좋다. 약간 경쾌한 리듬감이 더해진 것으로 Ex-286(53-06)과 마찬가지로 픽업 필인으로도 활용할 수 있다.

펑키한 그루브에서의 '리드믹 필인'

54-01 » 32분음 연타에 의한 부스트 효과

Tempo 110　Number 288

16분 쉼표에서 32분음 연타로 연결시켜 '가속용 부스터' 같은 프레이즈로 시작되는 4박 필인. 2박째도 16분쉼표에서 연결시키는 것이 특징이다. 펑키한 느낌으로 연결되며, 앞마디 마지막 16분음에 킥이나 오픈 하이햇을 넣어도 효과적이다.

54-02 » 부스터 효과를 주는 어프로치

Tempo 110　Number 289

Ex-288(54-01) 시작의 음형태를 연속시킨 어프로치로, 마치 '2단 부스터' 같다. 16분쉼표가 이어지므로 왼발 하이햇을 4분음으로 밟으면 더욱 정확하게 리듬을 유지시킬 수 있다.

54-03 » 16분음 시작부분을 뺀 패턴

Tempo 110　Number 290

16분음 시작부분을 뺀(1박째 앞박 하이햇까지는 리듬 패턴) 프레이즈가 특징적인 필인이다. 2박 프레이즈의 모티베이팅 연결에 오픈 하이햇을 더한 것이라 해석할 수 있다. 모티베이팅 수법을 더욱 자유롭게 만든 패턴이다.

54-04 » '타치이치이'로 시작하는 펑키 프레이즈

Tempo 110　Number 291

'타치이치이', '타치이타' 등의 프레이즈는 펑키한 감각의 필인에 필수적이다. 이것은 '타치이치이' 프레이즈로 시작된다. 오픈 하이햇에서 이어지는 플램의 이동이 이 패턴의 핵심이다.

54-05 » 오픈 하이햇을 여러 번 넣은 예

Tempo **110**　Number **292**

오픈 하이햇을 여러 번 넣은 패턴으로, 후반은 '타치이타' 프레이즈가 연속으로 사용되었다. 흐름 안에서 오픈 하이햇은 모두 왼손으로 때린다. 오픈 하이햇을 강한 악센트로 때리면 펑키한 요소를 더욱 어필할 수 있다.

54-06 » 공간을 살린 '마무리' 뉘앙스

Tempo **110**　Number **293**

공간을 살린 필인으로 곡 진행 중에 마무리하는 느낌을 내고 싶을 때 사용하면 효과적이다. 펑키한 그루브감을 유지시키면서 분위기를 침착하게 만드는 효과도 가지고 있다.

라틴 비트 4박 필인

55-01 » 삼바에서 친숙한 '타탕타' 음형태 사용

Tempo **110**　Number **294**

삼바 리듬에서 특징적으로 사용되는 패턴이다. '타탕타' 음형태를 사용해서 8분음 싱커페이션으로 연결시키며, 킥은 4분음을 유지해도 좋다. '타탕타' 타이밍을 약간은 셋잇단음처럼 만드는 것이 브라질 리듬의 특징이다.

55-02 » 16분음에서 시작부분을 빼는 수법

Tempo **110**　Number **295**

'우타타타'에서 16분음 시작부분을 뺀 프레이즈로 구성되었다. 킥은 4분음을 유지하면서 쉼표부분을 채운다. 3박째까지는 왼손이 리드한다. 삼바뿐만 아니라 라틴 / 퓨전에도 사용 가능한 필인이다.

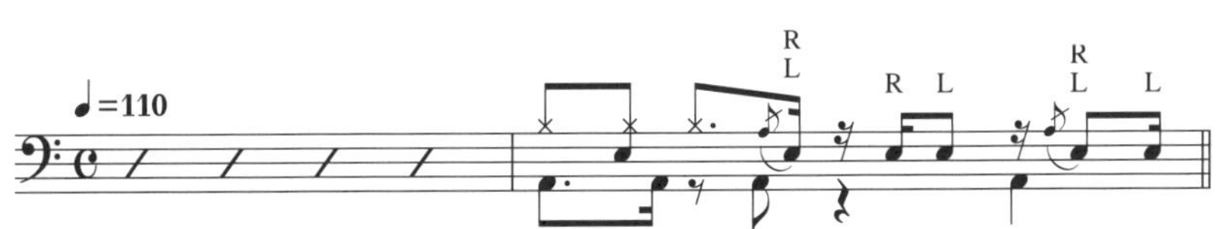

송고 등, 쿠바 계열 음악에서 사용되는 필인의 베리에이션이다. 이 프레이즈는 송고 패턴에서 플램으로 연결되는 형태다. 플램에서 탐은 오른손, 스네어는 왼손으로 때린다. 킥과의 조화에도 신경을 쓰자.

손발 콤비네이션에 의한 체인지업

손발 콤비네이션에 의한 4박 필인의 베리에이션이다. 어느 정도 템포까지는 한 발로 연주할 수 있지만, 고속 플레이에서 16분음 연타는 투베이스(트윈 페달)로 연주한다. 손발 모두 RL 순서다.

2박째에서 여섯잇단음으로 체인지업시킨 패턴이다. 오픈 하이햇 부분이 셋잇단음으로 들리며, 여기에 킥을 넣으면 가속되는 느낌이 강해진다. 킥을 빼고 셋잇단음에 의한 체인지업 프레이즈로 사용해도 좋다.

32분음을 사용한 손발 콤비네이션 필인이다. 16분음 3개로 나누는 '동타카탕' 프레이즈가 연속된 형태로, 체인지업 효과가 높은 수법이다. 이것은 3박 프레이즈를 32분음으로 고속화시킨 것이라고도 할 수 있다.

56-04 » 오른손 → 왼손 → 오른발의 여섯잇단음 체인지업

Tempo **110**　Number **300**

오른손 → 왼손 → 오른발 콤비네이션에 의한 여섯잇단음 체인지업. 오른손만 스네어 → 탐 → 플로어 탐으로 이동한다. 따라서 오른손이 이동하는 3박 프레이즈라고도 할 수 있다. 상당히 빠르기 때문에 손발 콤비네이션이 어려울 것이다.

56-05 » 킥 드래그를 사용한 프레이즈

Tempo **110**　Number **301**

투베이스(트윈 페달)의 드래그 주법을 사용한 패턴이다. 4박째 악센트 앞에서 투베이스로 '도코도'하며 양발로 빠르게 밟는다. 전반의 음형태가 비교적 공간적이어서 투베이스에 의한 '도코도, 팡'이 더욱 잘 산다.

56-06 » 투베이스 / 트윈 페달의 대표적인 체인지업

Tempo **110**　Number **302**

투베이스(트윈 페달)의 대표적인 체인지업이라 할 수 있는 패턴이다. 더블 타임 8비트에서 효과를 발휘하는 필인으로, 시작부분 연타에서의 32분음 사용법도 포인트다. 56-01의 콤비네이션을 더욱 빠르게 만든 형태다.

총 정 리

다양한 프레이즈를 만들 수 있는 풍부한 베리에이션의 필인

4박 필인은 마디 시작부분에서 시작되므로 리듬을 파악하기 쉽고 곡이 전환되는 부분에서도 사용하기 좋다고 할 수 있다. 4박이면 연타 이동과 프레이즈 선택의 베리에이션도 늘어나 다양한 어프로치가 가능하다. 그 중에서 대표적인 것이 2박 프레이즈를 결합해서 4박 필인을 만드는 방법이다. 이때 2박 프레이즈의 모양을 살짝 바꿔서 연결시키는 '모티베이팅'은 매우 효과적이다. 선택한 프레이즈의 특성을 살리기 좋고, 프레이즈의 흐름에 일체감도 줄 수 있는 편리한 방법이다. 그리고 유니트형 2박 필인

앞뒤에 같은 계열의 음을 배치하는 '샌드위치 방식'도 프레이즈를 만들 때 도움이 된다. 어떤 방법이든 이것저것을 1박씩 연주해보면서 필인 프레이즈를 만드는 것보다 훨씬 효율적이다.

3박 프레이즈를 사용하는 것도 4박 필인에 효과적이다. 이 장에서는 이것을 더욱 발전시킨 '홀수로 나뉘는 프레이즈'도 소개했다. 이는 16분음 5개, 7개로 나누어 묶은 것으로, 3박 프레이즈(8분음 3개로 나누어 묶은)와는 뉘앙스가 다르다. 이러한 수법을 적용시킨 패턴뿐만 아니라 발라드, 펑크 그루브, 라틴 리듬

에 사용되는 실전적인 패턴도 참고하기 바란다.

테크니컬 면에서는 스네어 더블 스트로크(고스트 노트)의 이용이나 고속 플레이가 가능한 투베이스 / 트윈 페달을 넣은 콤비네이션 프레이즈 등을 사용해 프레이즈 만들기의 폭을 넓히는 동시에 테크닉도 향상시키자. 특히 헤비 록은 투베이스를 사용한 콤비네이션 플레이와 고속 탐 이동이 필수적이며, 같은 패턴이라도 빠른 연주가 요구된다. 필인은 템포에 약간의 여유를 주면서 연주하는 것이 좋다.

제5장

1마디 이상의 프레이즈

이 장에서는 4박 이상의 긴 필인을 다룬다.
지금까지 나온 패턴 구성의 아이디어를 복합적으로 사용한 것도 많다.
앞에서 나온 수법의 전체적인 마무리라고 생각하자.

1마디 이상의 프레이즈 57

'탕타카' (♩♪♪♪)로 시작하는 수법

57-01 » '탕타카'부터 연결되는 5박 필인

Tempo 120　Number 303

4박째(1마디 째)인 백 비트에 '탕타카' 음형태가 들어가 4박의 필인으로 연결되는 5박 프레이징이다. '탕타카'를 필인의 계기(셋업)로 사용하는 경우는 이처럼 다음 박 시작부분에 쉼표가 들어가는 경우가 많다.

57-02 » 2박째 백 비트를 강조하는 5박 필인

Tempo 120　Number 304

'탕타카' 음형태로 시작되는 5박 필인. 마디 시작부분에 쉼표를 넣지 않고(2마디 째) 2박째인 백 비트를 강조한다. 즉, 시작부분은 백 비트로 연결되는 2박 필인의 기능을 가지고 있다고 할 수 있다.

57-03 » 3연속 '타탕타, 탕'

Tempo 120　Number 305

시작부분의 2박은 '탕타탕타탕'의 유니트형 프레이즈처럼 보이지만, 1박반의 '타탕타, 탕' 프레이즈가 3번 연속된 형태다. 즉, 4박째(1마디 째) 백 비트의 뒷박부터 1박반 프레이즈를 반복하는 합계 5박의 필인이다.

57-04 » '탓타치이'를 계기로 32분음 연타로 연결

Tempo 100　Number 306

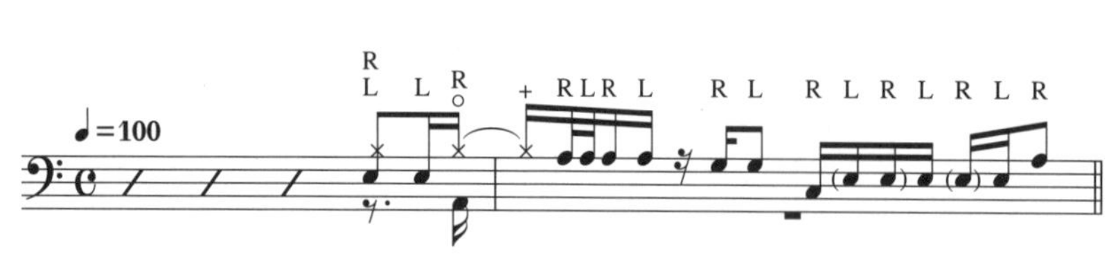

셋업형 어프로치로(1마디째)인 4박째 '탓타치이'를 계기로 하며, 32분음 연타로 연결시키는 패턴이다. 펑키한 필인 중에서 대표적인 어프로치다. 필인 후반에는 악센트가 이동한다.

57-05 » '탕타카' 셋업 & 3박 프레이즈의 복합　　Tempo 110　Number 307

이것도 '탕타카' 셋업을 사용한 수법이다. 여기서 연결되는 패턴은 16분음 뒤로 슬립시킨 3박 프레이즈다. 셋업과 3박 프레이즈가 복합된 필인이다.

1마디 이상의 프레이즈 58

'탕타카타, 동' (♩ ♫♫♫ ♪)으로 시작하는 수법

모범연주 동영상

Number 308-312

58-01 » '탕타카타, 동' 셋업①　　Tempo 120　Number 308

'탕타카타, 동'에서 다음 마디 시작부분으로 연결시키는 수법이다. 이 방법은 필인의 셋업 효과가 높으며, 여섯잇단음 부분이 킥으로 연결시키는 드래그 기능을 한다. 이 패턴은 양손 8분음으로 연결된다. 이 부분을 크레셴도하면 효과적이다.

58-02 » '탕타카타, 동' 셋업②　　Tempo 120　Number 309

'탕타카타, 동' 셋업형의 5박 필인이다. 마지막 박에서 다시 한 번 '타카타동'으로 마무리하는 것이 포인트다. 이러한 패턴도 일종의 모티베이팅으로, 특징적인 프레이즈를 반복 사용하는 수법이다.

58-03 » 마디를 걸치는 3박 프레이즈　　Tempo 120　Number 310

이 필인은 셋업형이 아니다. 시작되는 음형태가 3박 프레이즈의 일부로 사용되고 있다. 3박 프레이즈는 이처럼 마디를 걸치는 경우도 있다. 5박 필인은 이처럼 마지막에 2박 프레이즈를 연결시키는 형태가 된다.

58-04 » '탕타카타, 동동'에서 연결시키는 수법

Tempo **120** Number **311**

'탕타카타, 동동' 프레이즈에서 2마디, 2박째 백 비트로 연결되는 2박 필인이다. 백 비트를 사이에 두고 앞뒤에 2박 프레이즈가 배치된 형태다. 셋업형에서 많이 볼 수 있는 수법이다.

58-05 » 드래그형 셋업을 셋잇단음으로 바꾼 패턴

Tempo **130** Number **312**

드래그형 셋업 프레이즈를 셋잇단음으로 바꾼 것이다. 58-04와 마찬가지로 2박째의 백 비트를 잘 살리고 있다. 킥으로 연결되는 드래그는 2연타로 바꿨다. 이처럼 셋잇단음에서도 '타카타, 동'과 같은 수법이 가능하다.

1마디 이상의 프레이즈

59

'탕탕' (♪♩)으로 시작하는 필인

모범연주 동영상

Number 313-319

59-01 » '탕탕'에서 백 비트 살리기

Tempo **120** Number **313**

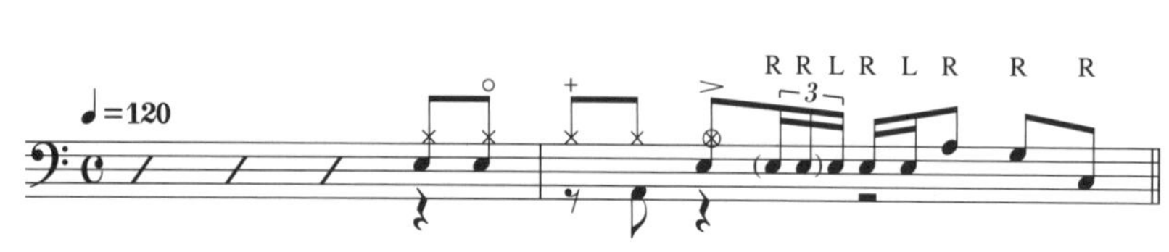

4박째(1마디째) 백 비트 연타, '탕탕'으로 시작하는 5박 필인이다. 3박 필인(제3장)에서도 이 음형태로 시작하는 수법을 소개했으며, 셋업으로서의 효과는 이쪽이 더 높다. 백 비트를 잘 살려주는 필인이다.

59-02 » 오픈 하이햇을 더하는 수법

Tempo **120** Number **314**

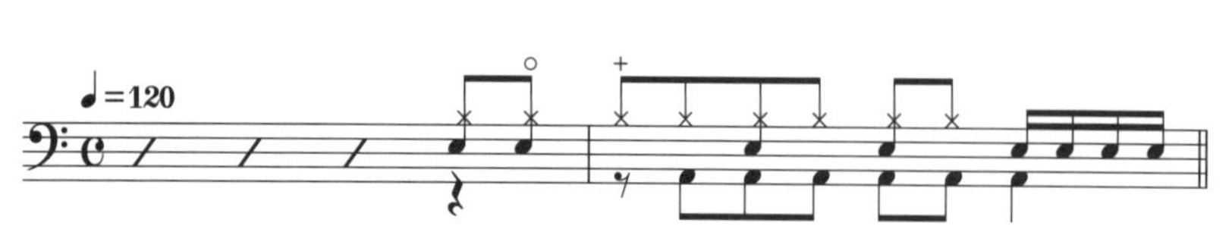

59-01과 마찬가지로 오픈 하이햇을 더한 백 비트 연타형 셋업 필인이다. 오픈 하이햇을 사용하면 싱커페이션 같은 형태가 되는 것이 포인트다. 다음의 2박째부터 다시 필인 프레이즈가 들어온다.

 여섯잇단음의 연타로 연결시키는 크래시 어프로치 Tempo 110 Number 315

'탕탕'의 셋업 프레이즈에 크래시를 더하고 싱커페이션시켜 여섯잇단음 연타로 연결시키는 다이내믹한 필인이다. 크래시를 넣어서 싱커페이션 느낌이 강해졌다.

 리듬 패턴 변화형에 응용① Tempo 120 Number 316

'탕탕' 음형태를 리듬 패턴의 변화형 필인에 응용한 것으로, 이 음형태는 셋업형이 아니라 3박 프레이즈의 일부로 사용되었다. 패턴을 크게 변화시켜 '타도타도' 프레이즈로 마무리하는 흐름이다.

 리듬 패턴 변화형에 응용② Tempo 90 Number 317

이것도 패턴 변화형에 속하는 5박 필인으로, 시작의 '탕탕'은 패턴 변화를 유발하는 형태로 사용되었다. 바운스하는 리듬의 필인으로, 후반은 59-01에서도 사용된 '타카통'으로 연결되는 드래그 프레이즈다.

 '탓타' 음형태로 시작하는 필인① Tempo 130 Number 318

셔플 비트에서 '탓타' 음형태로 시작하는 5박 필인으로, '탕탕'의 셋잇단음 버전이다. 이 필인도 2박째(2마디째)의 백 비트로 연결된다. 그 후에는 드래그를 거쳐 2박 연타 필인으로 연결된다.

 '탓타' 음형태로 시작하는 필인② Tempo 130 Number 319

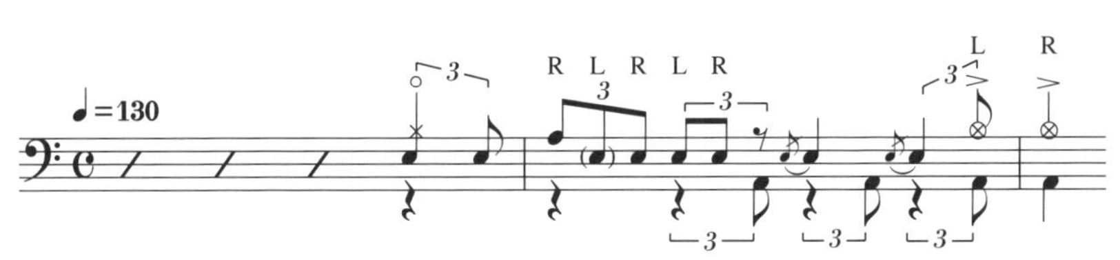

이것도 '탓타' 음형태로 시작하는 5박 필인이다. 셋잇단음 뒷박에 킥을 더해 바운스 느낌을 강하게 한 것이 특징이다. 마지막에는 크래시를 거는 수법을 사용하고 있다.

1마디 이상의 프레이즈
60
마디를 걸쳐 '튀어나온' 어프로치

60-01 » 뒷소절까지 흐르는 탐 돌리기

Tempo **120**　Number **320**

'튀어나온' 필인이란 다음 마디 1박째까지 필인이 튀어나가, 2박째인 백 비트에서 패턴으로 돌아오는 수법이다. 이 패턴은 탐 돌리기가 다음 마디까지 흘러간다. '연주에 너무 빠져서 나도 모르게 넘어간' 효과를 낸다.

60-02 » 셔플에서의 셋잇단음

Tempo **130**　Number **321**

셔플 비트에서 셋잇단음이 튀어나온 필인이다. 백 비트 스네어에서 리듬 패턴으로 돌아오므로 이처럼 킥을 넣는 편이 연주가 쉬울 것이다. 이렇게 튀어나온 필인은 리듬 형태와 관계없이 사용할 수 있다.

60-03 » 의표를 찌르는 '타카타동' 튀어나오기

Tempo **130**　Number **322**

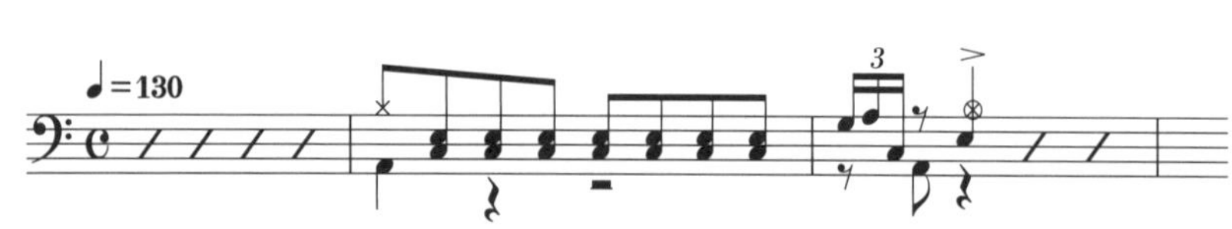

양손 8분음 연타의 4박 필인에서 '타카타동'으로 튀어나왔다. 이처럼 심플한 필인 다음 마디의 시작에 크래시가 올 것이라는 기대에 의표를 찌른 어프로치다. 이 수법을 통해 연주에 기세가 더해진다.

60-04 » 쉼표를 넣은 트리키형

Tempo **120**　Number **323**

4박 필인 후에 그대로 연타해서 다음 마디로 연결시키지 않고, 쉼표를 넣어 리듬면에서도 약간 트리키하게 만든 것이다. 백 비트도 뒷박으로 슬립시켜 일반적인 필인에서 크게 벗어난 느낌이다. 하지만 멋있다.

펑크 계열의 대표적인 수법으로, 3번째 마디의 '도타탕'에 의해 리듬 패턴으로 돌아온다. 따라서 킥으로 연결시키기 쉬운 패턴을 만드는 것이다. '도타탕' 프레이즈 뒤는 음량을 내리는 것이 암묵적인 약속이다.

1마디 이상의 프레이즈 61

같은 음형이 반복되는 필인

모범연주 동영상

Number 325-327

'탕타타, 응탕타'의 2박 프레이즈를 반복하는 6박 필인이다. 스네어는 악센트 이동형으로 연주하고, 3번째 반복에서 프레이즈를 약간 변화시켰다. 반복에 의해 강한 푸시를 표현하면서 모티베이팅 수법도 사용하고 있다.

리듬 패턴 변화형을 사용한 반복 필인이다. 필인의 효과가 약해지므로 지금까지 연주했던 패턴은 이 형태로 사용할 수 없다. 반복 횟수도 포인트다. 여기서는 3번 반복한 후 2박 연타로 연결시켰다.

오픈 하이햇을 사용한 반복 필인 패턴이다. 16분음 4개로 오픈 하이햇을 반복하는 수법이다. 마지막은 오픈 하이햇 2연타로 마무리한다. 이러한 플레이에서 왼발은 8분음을 유지시켜야 한다.

1마디 이상의 프레이즈 62

'탕타카, 탕' (♩♫ ♫♪)에 의한 3박 프레이즈 사용형

62-01 » 탐에서 스네어로 이동하는 5박 필인

Tempo 120　**Number** 328

5박 필인이다. 3박 프레이즈 뒤에 탐 이동의 흐름을 따르는 2박 프레이즈가 연결된 형태다. 여기서는 모두 탐에서 스네어로 이동하는 형태로 되어있다. 시작되는 타이밍에 의한 프레이즈 변화가 포인트다.

62-02 » 슬립형 수법①

Tempo 120　**Number** 329

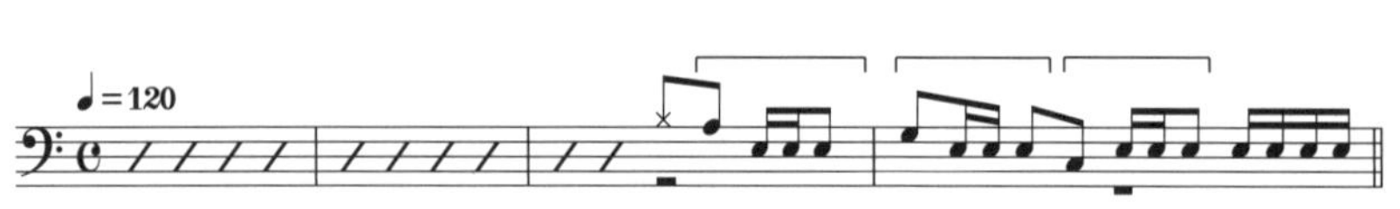

62-01에서 8분음 앞으로 슬립시켰다. 1박반 프레이즈를 3회 반복하는 형태로 변화되었다. 즉 4박반 + 1박 구조로 되어있다. 반박 어긋나면 프레이즈의 느낌이 크게 달라진다.

62-03 » 슬립형 수법②

Tempo 120　**Number** 330

62-01에서 1박 앞으로 슬립시켰다. 필인 길이가 6박이므로 단순히 1박반 프레이즈를 4번 반복하면 되며, 마지막 박은 다른 필인과 마찬가지로 '타카타카'로 마무리된다.

62-04 » 슬립형 수법③

Tempo 120　**Number** 331

62-03과 같은 수법에서 1박 더 앞으로 슬립시킨 7박 필인이다. 1박반 프레이즈를 4번 반복한 후에 '타카타카'로 마치는 형태다. 3박마다 같은 탐 이동을 반복하는 형태로 달라진 것이 포인트다.

 ## 2마디 필인

2마디 필인이다. 여기서도 1박반 프레이즈를 4번 반복하는 형태로 6박을 만들고, 마지막은 2박의 '탕탕, 타카타카'로 마친다. 마디 시작부터 들어가므로 타이밍 파악도 쉽다. 템포가 빨라지면 얼터네이트로 연주해도 된다.

7박에서의 필인 수법

 ## 박 시작에 크래시를 사용한 예

박 시작에서 크래시를 연주하는 7박 필인이다. 실질적으로는 2마디 필인이라 생각해도 된다. '타안타'의 16분음 걸기 프레이즈로 시작되는 것이 포인트다. 마지막 2박은 싱커페이션 필인으로도 나오는 형태다.

 ## 리듬 패턴 변화형 + 악센트 이동형

3박의 리듬 패턴 변화형 패턴과 4박의 악센트 이동형 수법이 합쳐진 7박 필인이다. 패턴 변화형 부분은 3박 프레이즈를 응용한 것이다. 악센트 이동은 오른손으로 탐을 이동하는 형태다.

 ## '탕타카' 셋업 예

이번 장 시작부분에서 소개한 '탕타카' 셋업을 응용한 7박 필인이다. 6박 동안 탐을 이동하는 수법으로, 32분음을 넣은 것이 포인트다. 32분음 부분은 탐 이동 프레이즈로 연결시키는 드래그의 기능도 가지고 있다.

63-04 » '탕타카' 셋업 복합형

Tempo 110 **Number 336**

'탕타카' 음형에서 리듬 패턴 변화형 수법으로 연결시키고, 2박 동안의 여섯잇단음 프레이즈로 마치는 7박 필인이다. 패턴 변화형 부분은 3박자 프레이즈 같은 리듬이다. 후반 1마디는 4박 필인으로도 사용할 수 있다.

63-05 » 2박 유니트형으로 시작되는 7박 필인

Tempo 120 **Number 337**

2박 유니트형으로 시작되는 7박 필인이다. 후반은 악센트 이동 어프로치로 연결되며, 크게 해석하면 유니트형 프레이즈의 모티베이팅이라 볼 수도 있다. 8분음 킥이 록음악 같은 질주감을 더해준다.

리듬 패턴 변화형에 의한 2마디

64-01 » 8분음 3개로 나누기의 스네어 & 킥

Tempo 140 **Number 338**

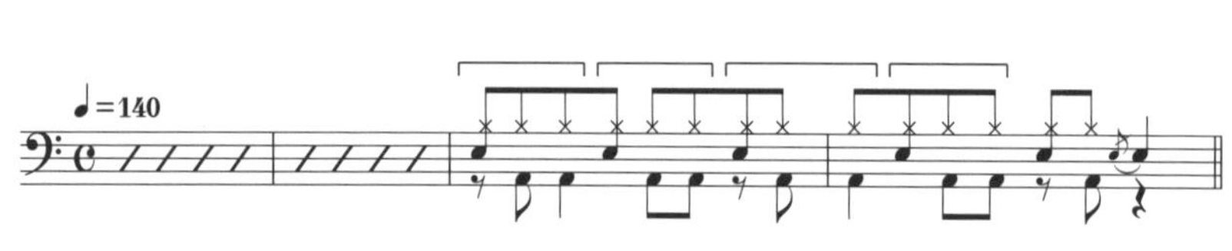

스네어와 킥의 콤비네이션, 8분음 3개 나누기로 구성된 필인이다. 빠른 8비트의 대표적인 리듬 패턴 변화형 어프로치라 할 수 있다. 하이햇으로 연주하는 경우에는 하프 오픈으로 때리고, 스네어에 악센트를 주면 효과적이다.

64-02 » 2박 프레이즈를 공유한 2마디

Tempo 140 **Number 339**

2박 프레이즈를 각 마디에서 공유하는 2마디 필인으로, 마지막은 '타도타도'로 마무리한다. 1마디째는 8분음 3개로 나누기의 슬립형처럼 되어있으므로, 그 흐름을 살려서 2마디째 시작부분을 '도도타도'로 바꿔도 좋다.

 백 비트 슬립형 2마디

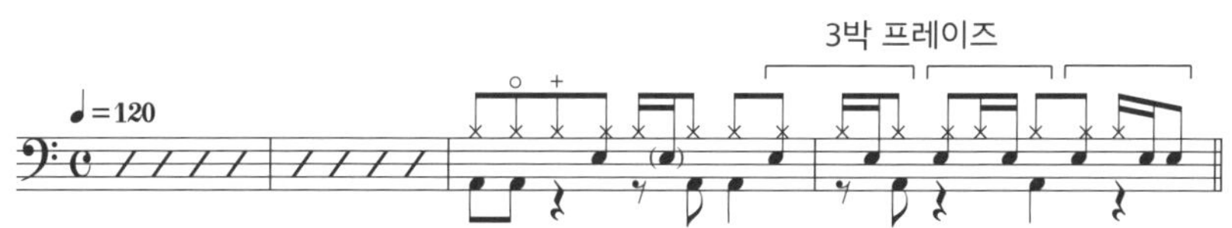

2, 4박째의 스네어 백 비트를 슬립시킨 패턴으로 시작되는 리듬 패턴 변화형 2마디 필인이다. 이 패턴의 4박째 뒷박(스네어)부터 3박 프레이즈가 나온다. 치밀한 리듬 워크에 의한 필인이라 할 수 있다.

 8분음 5개로 나눈 프레이즈의 필인

이것도 리듬 패턴 변화형 필인으로 8분음을 5개씩 나누는 상당한 난이도가 있는 어프로치다. 홀수로 나누는 리듬은 이처럼 리듬 패턴에도 응용할 수 있다. 3박 프레이즈와는 다른 리듬 변화를 준다.

분위기를 깔아주는 어프로치를 포함한 2마디

 필인을 예감케 하는 8분음 연타

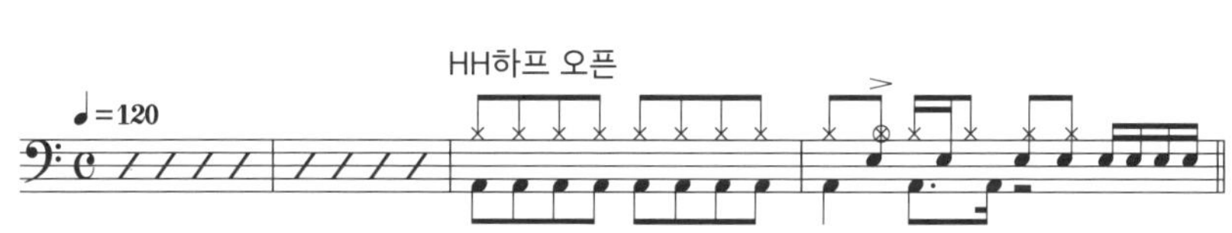

분위기를 깔아준다는 것은 주제가 곧 나올 것임을 알려준다는 의미로, 필인에서도 분위기를 깔아준 후에 필인으로 연결시키는 경우가 있다. 65-01이 그 전형적인 예다. 스네어를 제외한 8분음 연타는 곧바로 필인이 나온다는 것을 예감케 한다.

 다이내믹한 4분음 크래시를 넣은 수법

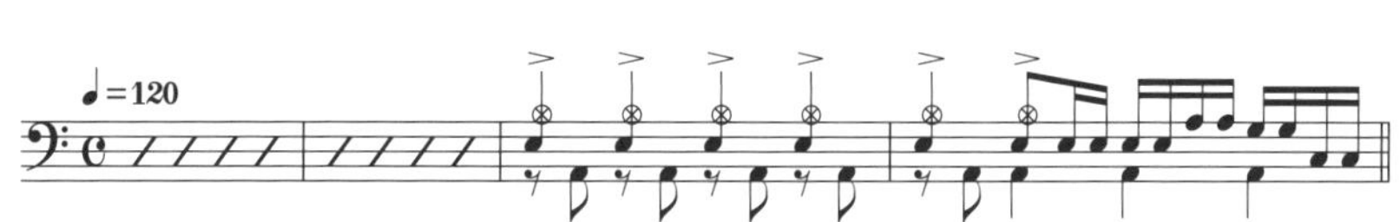

록 느낌의 다이내믹함을 주는 필인. 4분음 크래시에 악센트를 넣은 콤비네이션형 패턴으로, 16분음 연타로 연결시키는 방법이 포인트다. 2마디째 2박째의 백 비트 타이밍을 계기로 연타로 들어간다.

65-03 » 3박 프레이즈를 넣은 리듬 패턴 변화형

Tempo 120　Number 344

리듬 패턴 변화형 필인 중에서 긴 프레이즈는 분위기를 깔아주는 역할을 하는 경우도 있다. 65-03은 그 좋은 예로, 3박 프레이즈가 들어간 변화형에서 1마디 필인 프레이즈로 연결시킨 것이다. 8분음 킥도 필인 효과를 높여준다.

65-04 » 백 비트 연타형 전에 분위기 깔아주기

Tempo 110　Number 345

3박 필인 장(제3장)에서 소개한, 2박째의 백 비트를 연타하는 리듬 패턴 변화형 전에 분위기 깔아주는 어프로치다. 4박째 뒷박에서 싱커페이션하고, 악센트가 이동하는 필인으로 연결시키는 16비트의 펑키한 프레이징이다.

65-05 » 3박 프레이즈로 분위기를 깔아주는 어프로치

Tempo 120　Number 346

3박 프레이즈로 시작하는 필인. 이것만으로도 충분히 1마디 필인으로 사용할 수 있지만, 16분음 5개로 나누는 프레이즈로 연결시켜 2마디 필인이 되었다. 이것은 모티베이팅 수법으로, 3박 프레이즈가 분위기를 깔아주는 역할을 하고 있다.

65-06 » 백 비트에 크래시 악센트를 넣은 필인

Tempo 130　Number 347

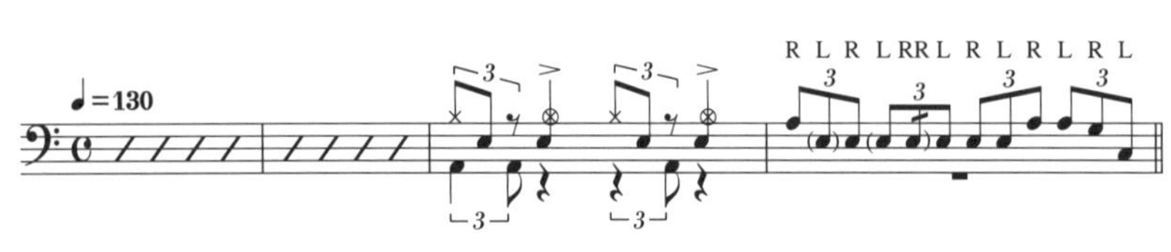

셔플 비트에서 분위기를 깔아주는 패턴이다. 1마디째는 백 비트에 크래시 악센트를 더한 형태다. 이것은 다른 리듬에서도 응용할 수 있는, 분위기를 깔아주는 어프로치다. 2마디째 필인은 65-02처럼 백 비트에서 시작해도 된다.

65-07 » 악센트 이동 패턴을 반복하는 필인

Tempo 130　Number 348

65-06의 2마디째에서도 사용된 악센트 이동 패턴을 반복하는 어프로치로, 같은 형태의 프레이즈를 반복한다. 모티베이팅의 의미로는 1마디째 패턴이 분위기를 깔아준다.

크래시 심벌의 악센트를 포함한 2마디 필인

66-01 » 크래시에 악센트를 넣은 3박 프레이즈

Tempo **140** Number **349**

3박 프레이즈에 크래시 악센트를 더한 2마디 필인이다. 2마디째의 16분음 시작부분을 뺀 음형태가 프레이즈에 가속되는 느낌을 준다. 록 스타일의 화려함과 스피드를 가지고 있다.

66-02 » 16분음 연타 필인이 들어간 어프로치

Tempo **130** Number **350**

16분음 연타 필인에 크래시 악센트를 넣은 2마디 패턴이다. 탐을 돌아가는 사이에 크래시로 이동하는 것이 포인트다. 후반은 크래시를 모두 오른손으로 때린다.

66-03 » 8분음 스네어에 더한 크래시 악센트

Tempo **130** Number **351**

1마디째는 유니트형 샌드위치 방식의 패턴으로, 8분음 스네어에 크래시 악센트가 추가되었다. 이 1마디째의 필인은 분위기를 깔아주는 어프로치로도 사용할 수 있다.

66-04 » 리듬 변화가 있는 패턴

Tempo **150** Number **352**

하프 타임 8비트와 잘 어울리는 셋잇단음 체인지업이다. 전반의 크래시를 넣은 필인의 스피드감과 후반의 셋잇단음에 의한 대조적인 리듬 변화가 포인트다. 일반적인 8비트에서 하프 타임으로 전환할 때에도 효과적이다.

66-05 » 셋잇단음 연타에 크래시를 넣은 예

Tempo 140　**Number 353**

셋잇단음 연타에 의한 필인에 크래시 악센트를 넣은 것이다. 크래시가 모두 싱커페이션으로 되어있어 리듬면에서도 살짝 트리키하다. 얼터네이트 순서라면 크래시는 모두 오른손으로 때릴 수 있다.

하프 타임 8비트(발라드)의 2마디 필인

67-01 » 플램과 킥의 콤비네이션

Tempo 130　**Number 354**

플램과 킥의 콤비네이션에 의한 2마디 필인이다. 음수가 서서히 늘어나는 것이 특징이다. 발라드 계열 필인에서는 단순한 프레이즈 반복보다 이렇게 변화를 주는 편이 더욱 효과적이다.

67-02 » 프레이즈에 변화를 주는 어프로치

Tempo 130　**Number 355**

2마디의 흐름 속에서 프레이즈 변화가 더욱 뚜렷하게 나타나는 필인이다. 후반에는 16분음이 더해져 가속감을 내고 있다. 전반은 4분음, 후반은 8분음 분위기라고 볼 수도 있다. 느릿한 템포에서는 필인의 스토리텔링도 중요하다.

67-03 » 크래시 악센트에서 셋잇단음으로 전환하는 패턴

Tempo 140　**Number 356**

이것도 하프 타임 8비트의 필인 베리에이션이다. 드래그의 이끎을 받은 크래시 악센트에서 셋잇단음 필인으로 전환되는 어프로치다. 이 1마디째 패턴은 분위기를 깔아줄 때에도 사용할 수 있다.

슬로우한 비트에서의 2마디 필인. 2마디째 프레이즈가 1마디째의 모티베이팅 같은 형태가 되어 절묘한 스토리텔링을 만들어낸다. 모티베이팅으로 활용된 고도의 기법이라 할 수 있다.

1마디 이상의 프레이즈 68 — 체인지업 효과를 내는 필인

모범연주 동영상

Number 358-359

템포가 빠른 8비트에 대응하는 패턴으로, 8분음을 더해 스피드감을 내고 있다. 이것은 일종의 체인지업 효과이며, bpm=180 이상에서 16분음 연타는 악보 예처럼 부분적으로 넣는 것이 포인트다.

16분음 → 셋잇단음 → 8분음으로 체인지업하는 프레이징으로, 하프 타임 리듬에서의 필인이다. 자연스러운 흐름으로 들리도록 연주해야 한다. 단순히 스네어를 연타하는 것만으로는 부자연스러운 필인이 되어버린다.

Drum Fill-In Encyclopedia 413

투베이스와 트윈 페달을 이용한 빠른 2마디

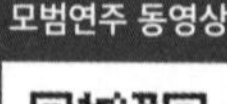

모범연주 동영상

Number 360-363

69-01 » 손발 콤비네이션을 응용한 '타카타카, 도도'의 연속

Tempo **170**　Number **360**

3박 프레이즈를 투베이스형 손발 콤비네이션에 응용한 2마디 필인. '타카타카, 도도' 프레이즈가 연속된 형태로, 킥은 RL로 밟는다. 마지막은 '타도도타도' 프레이즈로 여기에도 투베이스(트윈 페달)를 넣었다.

69-02 » 3박 프레이즈를 넣은 손발 콤비네이션

Tempo **170**　Number **361**

일부가 3박 프레이즈를 포함한 손발 콤비네이션으로, 메탈 계열의 록에서는 대표적인 것이다. 마지막에 4분음으로 마무리하는 것이 포인트다. 고도의 플레이이므로 손발의 밸런스 감각이 필요하다.

69-03 » 체인지업을 넣은 손발 콤비네이션

Tempo **130**　Number **362**

투베이스(트윈 페달)를 사용한 손발 콤비네이션으로, 후반에는 셋잇단음으로 체인지업한다. 16분음 이상의 빠른 투베이스 플레이다. 전반의 손 움직임은 2박 셋잇단음을 느끼면 타이밍을 잡을 수 있을 것이다.

69-04 » 킥 드래그를 넣은 리듬 패턴 변화형

Tempo **110**　Number **363**

리듬 패턴 변화형 필인에 투베이스(트윈 페달) 드래그를 넣은 헤비하고 스피디한 필인이다. 전반과 후반의 어프로치가 다르지만 두 가지 모두 3박 프레이즈의 응용이다. 각각 별도의 필인으로도 사용할 수 있다.

필인의 세계관을 넓히는 것도 중요한 과정이다

이번 장에서는 최대 2마디의 긴 필인을 소개했다. 이 필인들은 제1~4장에서 해설한 다양한 수법을 어떻게 응용하느냐가 포인트다. 지금까지 소개된 특정 음형태로 시작되는 '셋업 프레이즈'에 이어서 나오는 5박 필인, 3박 프레이즈를 사용한 패턴 등이 그 좋은 예다. 마디를 걸치는 '튀어나온 필인', 프레이즈 반복 어프로치, 나아가 필인으로 갈 것을 예감하게 하는 2단계 구성의 필인 '분위기를 깔아주는 어프로치' 등 필인과 관련된 다양한 수법은 '어디까지가 필인인가?'라는 의문에 대한 답 중 하나라 할 수 있다. 그리고 '크래시 악센트는 멤버 모두가 신호로 정한 곳이나 싱커페이션에 사용하는 것'이라는 생각을 가지고 있던 사람이 이 책에서 소개한 크래시 악센트를 포함한 필인의 어프로치를 알게 된다면 지금까지의 개념과 정의가 바뀔 수도 있을 것이다. 프레이즈를 만드는 것뿐만 아니라 필인의 세계관을 넓히는 것도 중요한 프로세스라고 생각한다. 모티베이팅의 이해, 리듬 패턴 변화형 필인 사용 방법과 베리에이션도 그러한 요소 중 하나라 할 수 있다.

2마디 필인이라면 2박마다가 아니라 마디마다 모티베이팅을 사용하거나 체인지업을 시키는 어프로치가 효과적이다. 발라드 계열의 긴 필인에서는 스토리텔링이 있는 프레이징을 많이 볼 수 있다. 또한, 템포가 느린 만큼 프레이즈 흐름의 질이 중요하므로 생명력이 있는 필인을 목표로 해야 한다. 반대로 빠른 템포에서는 사용할 수 있는 음표가 한정되므로 패턴도 달라진다. 투베이스 / 트윈 페달은 고속 템포에서도 표현력을 발휘할 수 있는 수법으로, 손만으로는 낼 수 없는 스피드가 가능해진다. 이러한 다양한 방법을 이해하고 있다면 프레이즈의 조합은 당신의 손에 달려있을 것이다.

Column 02 '자기 나름대로의 프레이징'을 생각해보자

이 책이 세상의 모든 필인 베리에이션을 담고 있지는 않다. 따라서 여러분 나름대로의 프레이즈를 만들 수 있는 여지가 많다. 패턴에 다양한 세공을 하는 것뿐만 아니라, 심플하게 스네어만으로 음형을 때리거나 오른쪽으로 돌아가며 탐 이동을 하는 평범한 프레이즈 중에서도 이 책에 소개되지 않은 것들이 있다. 그러한 필인도 곡과 상황에 따라서는 효과적으로 사용할 수 있으므로 선택지 중 하나로 기억해두자. 항목에 따라서 여러분 나름대로의 음형태나 이동방법으로 바꾸어 새로운 필인을 만드는 것도 가능하다. 필인을 만드는 수법(어프로치)을 복합적으로 사용해보는 것도 좋다. 실제로 이 책을 읽어나가다보면 복합적인 것도 많이 포함되어있으므로 참고해서 독자적인 필인을 만들어보자. 하나의 프레이즈를 선택하고 그것을 조금씩 변화시키는 '모티베이팅'도 프레이즈를 만드는 방법 중 하나다. 다양한 프레이즈를 모티베이팅으로 변화시키면 많은 베리에이션을 만들어낼 수 있을 것이다.

필인 시작 방식에 특징이 있는 '셋업형' 어프로치도 많이 활용해보자. 셋업 이후의 필인 연결방법 요령만 파악해두면 여러분 나름대로의 필인을 만들 수 있을 것이다.

3박 프레이즈에도 발전성이 있다. 이 경우는 '16분음 음형태 + 8분음 1개'가 기본이며, '8분음 + 16분음'의 음형태도 효과적이다. 즉 '타카타카, 탕'이 있으면 '탕, 타카타카'도 사용할 수 있다는 것이다. 16분음만 사용한 '타탕타, 타타'의 음형태나 '타카타카, 타카'를 사용해서 이동이나 손발 콤비네이션에 응용해보는 것도 가능하다. 16분음을 포함한 이러한 1박반 프레이즈는 같은 음수(6개)를 공유하는 여섯잇단음 패턴으로도 응용할 수 있다.

패턴의 구조를 이해해서 자기 나름대로의 필인을 만들 수 있게 되는 것이 이 책의 최종 목적이므로, 이처럼 어프로치를 다양하게 생각해보면 자유롭게 프레이즈에 베리에이션을 줄 수 있는 애드리브 능력도 기를 수 있을 것이다.

곡의 리듬, 템포와 필인의 관계

Column 03

이 책의 필인 모범연주는 특별한 경우를 제외하고는 bpm = 120 전후의 템포로 연주되었다. 여기에는 필인 프레이즈 이미지가 템포 설정에 의해 고정되지 않도록 한다는 데에 그 의미가 있다. 가능한 다양한 리듬과 템포에서 응용해 보기 바란다.

필인의 프레이즈 느낌은 템포에 따라서 크게 달라진다. 또한 리듬 패턴에 따라서도 잘 맞는 경우와 그렇지 않은 경우가 있다. 프레이즈 선택은 드러머의 감각에 의해 판단되어야 하는 부분이므로 법칙이 정해져있지 않다. 일반적인 경향으로는 템포가 느린 발라드 계열에서는 사용할 수 있는 음표의 종류가 풍부하며, 음과 음의 공간을 활용하는 방법이 포인트가 된다. 한편 템포가 빨라질수록 사용할 수 있는 음표가 한정되며 빠른 템포에서는 16분음을 연주하기도 어려워진다. 미들 템포에서는 큰 문제없이 사용할 수 있는 프레이즈라도 bpm = 200에서는 초절기교 어프로치로 돌변해버린다. 체인지업 스타일 필인의 경우에는 효과를 발휘할 수 있는 템포가 저절로 한정되어버린다. 이 책에서 소개하는 필인들도 이렇듯 연주적인 면에서 사용할 수 있는 템포의 폭을 확인해두면 실제의 연주에 도움이 될 것이다.

이 책에서는 일부 특정한 리듬에 한정된 프레이즈도 소개하고 있지만, 일반적인 리듬 패턴에서도 잘 맞는 필인과 그렇지 않은 경우가 있다. 모범연주에서는 리듬 패턴이 심플하게 통일되어있으므로 패턴을 바꾸면 필인도 다르게 들릴 것이다. 자신의 감각에 잘 맞는 프레이즈인지 실제로 연주하면서 확인해 보기 바란다.

제6장

명연주자의 브랜드 프레이즈

이 장에서는 명드러머가 사용하는 '브랜드 필인'에 초점을 맞추어
그 특징을 해설한다. 제1~5장에서 등장했던
프레이즈 만들기 / 어프로치 방법과 공통되는 점, 다른 점을 확인해보기 바란다.

70 ~ 94 명연주자의 다양한 어프로치

명연주자의 브랜드 프레이즈 70~94

명연주자의 다양한 어프로치

70-01 » ## 존 본햄 스타일의 중후하고 느린 그루브　　Tempo **80**　Number **364**

대표적인 브리티시 록 드러머 존 본햄의 느리고 무거운 그루브의 필인이다. 모범적인 드래그 사용법이라 할 수 있는 RRL 프레이즈, 그리고 살짝 통통 튀는 듯한 느낌이 특징적이다. 마지막의 오픈 하이햇도 인상적이다.

70-02 » ## 존 본햄 스타일의 왼손 리드 손발 콤비네이션　　Tempo **100**　Number **365**

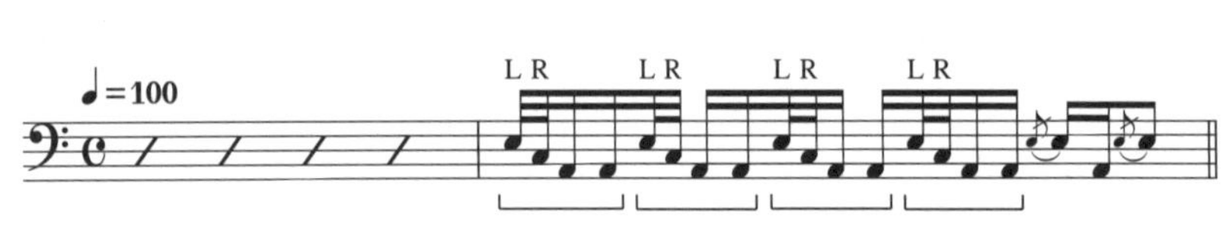

존 본햄의 트레이드 마크라 할 수 있는 왼손 리드에 의한 손발 콤비네이션 필인이다. 16분음 3개씩 나누기로 되어있으며, 왼손이 먼저 때리는 약간 넓은 플램 느낌으로 플레이한다. 묵직한 3박 프레이즈라 할 수 있다.

71-01 » ## 이언 페이스 스타일의 3박 프레이즈　　Tempo **160**　Number **366**

템포가 빠른 8비트에서 악센트를 주는 3박 프레이즈형 필인이다. 스네어 악센트는 오픈 림 샷으로 때리고, 고스트 노트와의 상승효과로 날카로운 느낌의 스피드를 낸다. 록에서는 필수과목이라 할 수 있는 필인 수법이다.

71-02 » ## 이언 페이스 스타일의 '타카타동' 프레이즈　　Tempo **120**　Number **367**

여섯잇단음 '타카타동' 프레이즈를 사용한 필인으로, 이언 페이스는 이 여섯잇단음 프레이즈 보급에 큰 역할을 한 드러머라 할 수 있다. 처음과 마지막 여섯잇단음 부분의 이동이 살짝 달라진 것도 포인트로 '샌드위치 방식'의 좋은 예다.

 링고 스타 스타일의 공간적 어프로치   Tempo **100**　Number **368**

뮤트에 의한 데드한 사운드가 특징적인 링고 스타의 브랜드 프레이즈다. 느린 바운스 리듬에서 공간적인 맛을 내는 점이 특징적이다. 모범연주 수록 때에는 비슷한 사운드를 내기 위해서 타월을 올려 뮤트했다.

 링고 스타 스타일의 3박자 프레이즈 응용   Tempo **90**　Number **369**

바운스 하지 않는 리듬에서의 필인으로, 3박 프레이즈를 응용한 것이다. 2박째 뒷박은 스네어를 작게 때려 킥으로 연결시키는 형태로, 완전히 같은 1박반 프레이즈를 반복하지 않는 것이 핵심이다. 이러한 표현력은 역시 천재의 센스다.

 '퍼디 셔플' 스타일의 2박 셋잇단음 어프로치   Tempo **130**　Number **370**

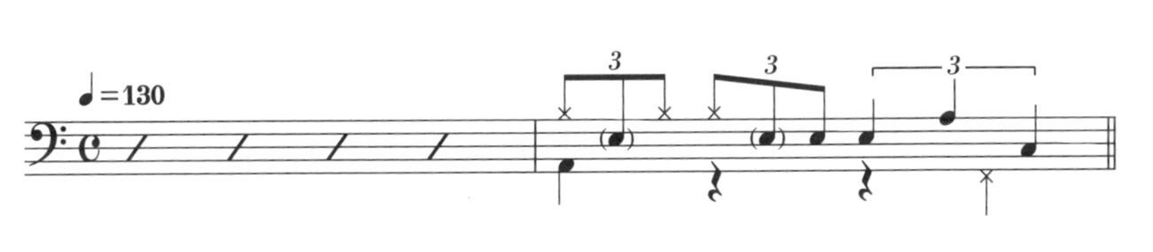

버나드 퍼디가 사용하는 느릿한 그루브의 하프타임 셔플을 '퍼디 셔플'이라고도 한다. 이 필인은 느릿한 그루브에서 사용된다. 2박 셋잇단음에 의한 심플한 수법이지만, 그루브와 잘 어우러지는 뛰어난 필인이다.

 버나드 퍼디 스타일의 리듬 패턴 변화형 어프로치   Tempo **110**　Number **371**

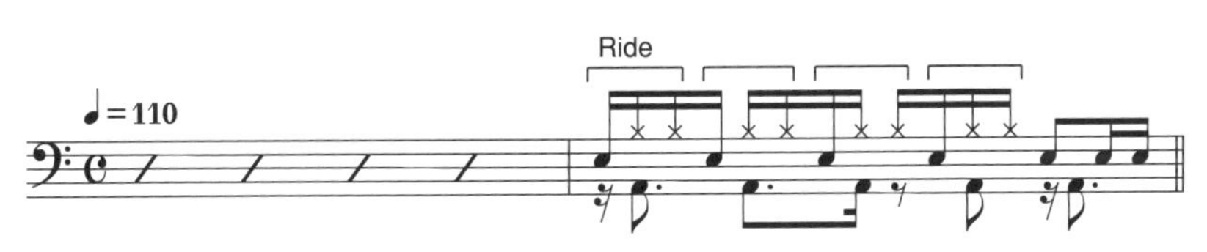

펑크 그루브 안에서 퍼디가 자주 사용하는 필인 수법이다. 분류하자면 리듬 패턴 변화형이라 할 수 있으며, 16비트 펑크와 궁합이 잘 맞는다. 오른손 라이드와 킥이 싱크가 되는 패턴이다.

74-01 » 라타마큐(ratamacue)를 사용한 스티브 갯 스타일①

Tempo 110 **Number** 372

이 필인은 퓨전 느낌의 어프로치로, 루디먼트 '라타마큐'라는 프레이즈를 드럼 세트에서의 플레이로 어레인지한 것이다(3박째). 스티브 갯은 루디먼트 테크닉을 필인에 응용한 선구자 중 한 명이다.

74-02 » 라타마큐를 사용한 스티브 갯 스타일②

Tempo 120 **Number** 373

74-01과 마찬가지로 '라타마큐'를 연속해서 사용한 필인으로, 여섯잇단음의 독특한 프레이즈 느낌이 특징적이다. 스네어 더블 스트로크를 사이에 배치해서 '타카타동' 프레이즈로 연결시키는 윤활제 같은 효과를 낸다. 4분음으로 마무리한다.

75-01 » 제프 포카로 스타일의 3박 프레이즈

Tempo 160 **Number** 374

3박 프레이즈의 모범적인 예라 할 수 있는 제프 포카로가 잘 사용하는 패턴이다. 탐 돌리기와 킥 더블로 1박반 프레이즈를 구성했다. 이것은 오른발만 받쳐준다면 템포가 빠른 편이 효과적이다. 결정적인 순간에 강력한 임팩트를 줄 수 있다.

75-02 » 제프 포카로 스타일의 16분음 3개로 나누기

Tempo 140 **Number** 375

손발 콤비네이션에 의한 필인으로 16분음 3개로 나누기로 되어있다. 오른손이 플로어 탐으로 이동하는 것이 포인트로, 복잡하게 들리면서도 멋진 필인이다. 어느 정도 빠른 비트에서 사용하면 효과적이다.

76-01 » 드래그를 사용한 데이비드 가리발디 스타일①

Tempo 110 **Number** 376

데이비드 가리발디 특유의 패턴으로, 킥과 탐을 조합시킨 드래그가 포인트다. 이 드래그가 스네어로 연결될 때의 스피디함이 매력적이며, 테크니컬한 멋이 넘친다.

76-02 » 드래그를 사용한 데이비드 가리발디 스타일②

탐 이동부분에서 킥을 사이에 두고 32분음 드래그를 만들었다. 손만으로 때리는 32분음과는 다른 두터운 소리가 난다. 킥에서 이어지는 탐은 왼손으로 바뀐다. 버릇에 의존하지 않는 지적인 프레이즈라 할 수 있다.

77-01 » 스티브 조던 스타일의 악센트 이동

스네어의 악센트 이동을 사용한 필인으로, 악센트는 16분음 뒷박에서 많이 연주한다. 스네어의 고스트 노트는 더블 스트로크에 의해 미묘하게 기다리는 시간이 생기며, 패턴과 그루브를 공유하는 인상적인 필인이다.

77-02 » 모티베이팅을 사용한 스티브 조던 스타일

77-01과 같은 리듬 패턴에서 사용되는 필인으로 1, 2박째의 음형태가 같다. 넓은 의미에서의 모티베이팅으로, 하나의 필인에서 파생된 다른 필인을 만드는 수법이다. 프레이즈의 이미지를 어떻게 잘 남길 것인가 포인트다.

78-01 » 그루브감이 가득한 오마르 하킴 스타일①

오마르 하킴 스타일의 그루브감이 가득한 필인이다. 16분음 뒷박의 탐 이동을 잘 엮은 수법으로, 스네어의 고스트 노트(러프)도 들어간다. 마지막의 '타치이타'는 이러한 펑키한 필인에서 일반적으로 사용된다.

78-02 » 그루브감이 가득한 오마르 하킴 스타일②

78-01 프레이징을 바탕으로 한 모티베이팅이다. 여기서는 전반이 Ex-380과 살짝 다르다. 오픈 하이햇을 넣은 점에 큰 차이가 있으며, 16분음 스네어의 악센트를 넣는 방법이 바뀌어 필인 시작의 인상도 달라졌다.

79-01 » 사이먼 필립스 스타일 체인지업

Tempo 80　**Number** 382

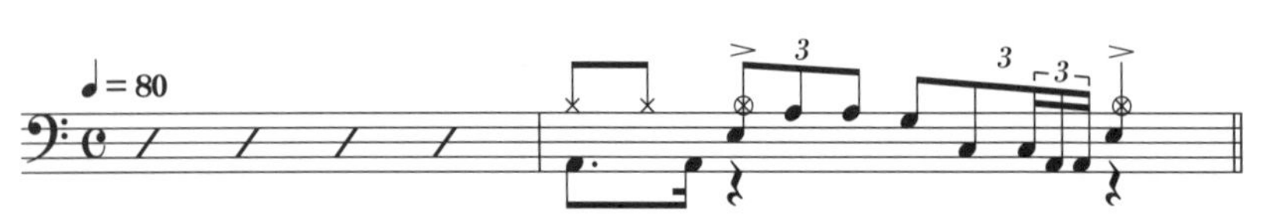

셋잇단음에 의한 독특한 리듬과 4박째 4분음 악센트로 연결되는 투베이스 드래그를 합친 사이먼 필립스다운 필인이다. 체인지업에 속하는 수법으로, 투베이스 드래그에 의해 순간적으로 스피드감을 준다.

79-02 » 사이먼 필립스 스타일 싱커페이트

Tempo 120　**Number** 383

싱커페이트한 리듬을 사용한 사이먼 필립스다운 필인이다. 여기서는 차이나 심벌의 날카로운 악센트로 16분음 3개로 나눈 싱커페이트 리듬을 강조했다. 다이내믹한 리듬감을 내는 것이 포인트다.

80-01 » 닐 피어트 스타일의 대표적인 탐 돌리기

Tempo 130　**Number** 384

하이탐을 더한 3탐에 의한 32분음 탐 돌리기 패턴으로, 많은 탐을 사용하는 테크니컬 플레이에서 약속처럼 나오는 수법이다. 연타를 균등하게 때리지 않고, 각 음형에서 32분음을 약하게 때려서 매끄러운 느낌을 낸다.

80-02 » 닐 피어트 스타일 체인지업

Tempo 130　**Number** 385

여섯잇단음과 16분음을 조합한 체인지업 필인이다. 후반의 2박 패턴이 결정타로, 뒷박 크래시로 이어지는 프레이즈가 통쾌하다. 체인지업과 프레이징이 훌륭하게 합쳐진 멋진 필인이다.

81-01 » 스튜어트 코플랜드 스타일의 패턴변화형 어프로치

Tempo 130　**Number** 386

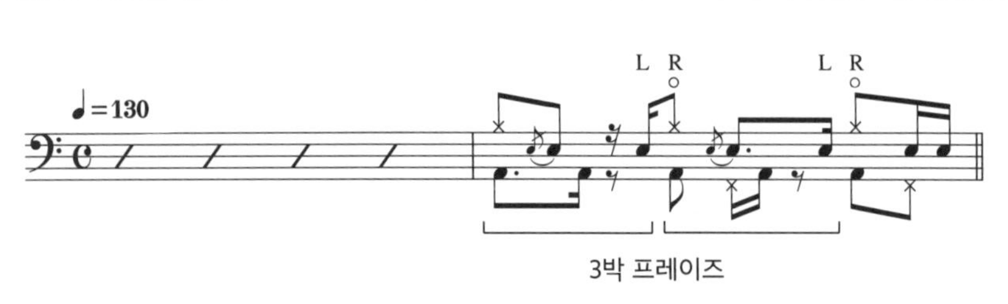

앞으로 급하게 나가는 듯한 록 비트가 특징적인 스튜어트 코플랜드다운 필인이다. 플램을 많이 사용하는 것은 코플랜드의 특징으로, 3박 프레이즈의 강한 카운터 비트에 의한 패턴 변화형 수법이 사용되었다.

81-02 » 스튜어트 코플랜드 스타일의 백 비트 살리기

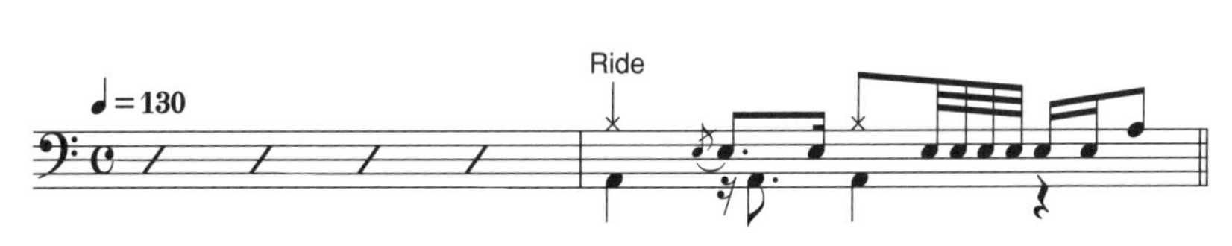

2박째의 백 비트를 살린 필인으로, 드라이브 감이 있는 어프로치다. 스네어의 백 비트 플램이 인상적이며, 후반의 2박 연타는 싱글 스트로크로 때려 롤과는 다른 날카로움과 푹 찌르는 느낌을 준다.

82-01 » 알렉스 반 헤일런 스타일의 심플한 8분음

심플한 프레이즈의 필인으로, 8비트에 널리 응용할 수 있는 수법이다. 8분음 뒷박 타이밍에서 탐을 이동시키는 것이 포인트로, 이 이동에 의해 '타카탕' 음형태가 슬립하는 것처럼 들린다.

82-02 » '타카탕'을 사용한 알렉스 반 헤일런 스타일

82-01 필인의 베리에이션이다. 이 패턴은 시작부터 '타카탕' 음형태로 시작되고, 다음의 '타카탕' 음형태는 Ex-388과 같은 타이밍에서 때린다. 즉, '타카탕'을 키워드로 하는 모티베이팅이다.

83-01 » 필 콜린스 스타일의 플램과 탐 돌리기

하이탐을 더한 3탐 세트에 의한 플램과 탐 돌리기 필인이다. 경쾌한 리듬의 프레이즈에 플램에 의한 악센트가 적절한 자극을 준다. 필 콜린스는 이러한 멜로딕한 탐 플레이를 싱글 헤드로 연주한다.

83-02 » 필 콜린스 스타일의 탐을 활용한 멜로딕 플레이

느릿한 템포에서의 필인이다. 16분음 3개로 나누기의 탐 플램과 킥 콤비네이션에 의한 프레이즈다. 역시 멜로딕한 탐 플레이의 특징을 잘 살리고 있으며, 템포 면에서도 임팩트가 강하다.

84-01 » 팻 토페이 스타일의 테크니컬 어프로치

Tempo 120 **Number 392**

뛰어난 테크닉으로 록 드러밍에 그루브를 더한 팻 토페이의 특징적인 필인이다. 악센트 이동 프레이즈에 롤을 포함한 여섯잇단음을 넣은 것이 포인트로, 3박 프레이즈도 응용된 테크니컬 필인이다.

84-02 » 팻 토페이 스타일의 여섯잇단음 연타 필인

Tempo 90 **Number 393**

록의 여섯잇단음 연타 필인이다. 더블 스트로크로 시작되는 여섯잇단음에서 싱글 스트로크에 의한 여섯잇단음의 악센트 이동으로 전환되는 형태로, 컨트롤 난이도가 높다. 여섯잇단음의 드라이브감을 확실하게 끌어낼 수 있다.

85-01 » 무라카미 폰타 슈이치 스타일의 탐 이동 프레이즈

Tempo 110 **Number 394**

3박째 '타치타치' 프레이즈가 특징적으로, 탐 이동과 밀접하게 얽혀 일체감을 주는 어프로치다. '타치타치'는 RLRL로, 하이햇은 하프 오픈으로 연주한다. 그의 브랜드 프레이즈라 부르기에 손색 없는 필인이다.

85-02 » 무라카미 폰타 슈이치 스타일의 '타치타치' 프레이즈

Tempo 110 **Number 395**

'타치타치' 프레이즈를 사용한 무라카미 스타일의 필인이다. 마지막의 '타치타치'에서는 하이햇을 닫는다. 킥과 하이햇이 얽혀 프레이즈를 이끄는 것이 포인트로, 뗄래야 뗄 수 없는 관계의 어프로치다.

86-01 » 아키라 짐보 스타일①

Tempo 110 **Number 396**

대표적인 여섯잇단음 롤 프레이즈로 시작되어 중반에는 테크니컬한 탐 돌리기, 마지막은 플램 프레이즈로 마무리하는 밸런스가 뛰어난 퓨전 필인이다. 테크닉과 패턴이 잘 조화를 이루고 있다.

16분음 싱커페이션으로 연결되는 필인. 얼터네이트 32분음이 들어간 프레이즈에서 오른손 탐 이동으로 연결된다. 이동할 때의 음표를 왼손 고스트 노트로 채워서 16분음을 유지시킨다.

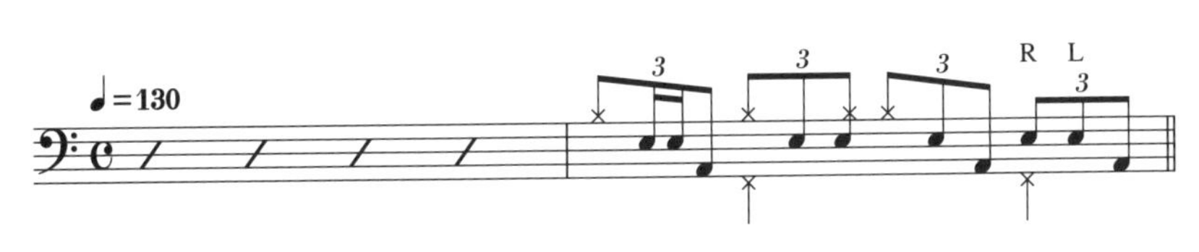

4비트 레가토의 필인 수법이다. 앨빈 존스 스타일 스네어와 킥의 콤비네이션에 의해 강한 드라이브감을 준다. 3박째까지는 오른손 심벌 레가토를 유지시킨다.

손발 콤비네이션을 활용한 폴리리듬 체인지업형 필인이다. 2박 셋잇단음 리듬을 사용하며, 각각의 셋잇단음을 9음으로 나눈 형태로 체인지업하므로 홀리는 듯한 느낌을 준다.

독특한 센스를 가지고 있는 마누 카제 스타일 필인이다. 16분음 2연타를 사용한 어프로치로, 고스트 노트(왼손) 연타다. 흔히 볼 수 없는 공간적인 리듬 감각이며, 스플래시의 짧은 악센트도 효과적이다.

32분음을 넣은 스피디한 탐 돌리기에서 셋잇단음으로 전환되는 체인지업이다. 셋잇단음이 강조된 산뜻한 체인지업으로, 이국적인 뉘앙스도 느껴진다. 마무리의 스플래시는 마누 카제 플레이로는 필수적인 아이템이다.

89-01 » 스탠턴 무어 스타일의 여섯잇단음 드래그

Tempo **100** Number **402**

여섯잇단음 드래그를 능숙하게 다루는 그루비한 필인 프레이즈다. 바운스 리듬을 타는 필인 수법에서는 재즈의 뉘앙스도 느껴진다. 재즈의 발상지 뉴올리언스 드러머다운 어프로치다.

89-02 » 스탠턴 무어 스타일의 스네어 버즈 롤

Tempo **100** Number **403**

왼손 스네어 버즈 롤을 사용한 어프로치로, 세컨드 라인 비트의 전통적인 수법이다. 플램에서 연결되는 왼손 롤이 특징으로, 완만한 바운스와 잘 맞아떨어진다. 하이햇 연주법도 포인트다.

90-01 » 빌리 마틴 스타일의 스틱 두 스틱

Tempo **90** Number **404**

다양한 음악 장르에 능통한 빌리 마틴의 특징적인 어프로치다. 스틱 투 스틱 스네어 연타로 시작되는 펑크 계열의 필인으로, 헤드와 스틱을 바꿔가면서 때리는 개성적인 사운드가 인상적이다.

90-02 » 빌리 마틴 스타일의 세컨드 라인 비트

Tempo **100** Number **405**

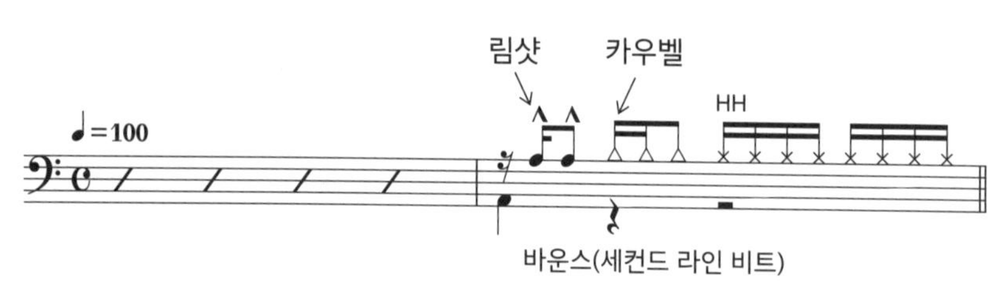

세컨드 라인 계열 리듬의 개성적인 필인 어프로치다. 시작부분의 탐은 림샷으로 연주하며, 카우벨과의 조합은 라틴음악 이미지로 유머 센스도 느껴진다. 나머지는 하이햇 연주로 필인 효과를 내고 있다.

91-01 » 데니스 챔버스 스타일의 32분음 연타

Tempo **110** Number **406**

데니스 챔버스의 빠른 스트로크를 살린 필인이다. 싱글 스트로크 32분음 연타가 특징적으로, 스피드감 만점의 반복형 패턴이다. 4박째 탐 돌리기는 8분음으로 마쳐서 깔끔한 느낌을 낸다.

91-02 » 데니스 챔버스 스타일의 16분음 연타

Tempo 130   Number 407

스네어 16분음 연타에서 그대로 투베이스 연타로 옮겨가는 중량급 패턴이다. 음표는 심플하지만 투베이스의 존재감을 잘 이용하고 있다. 3박째 시작부분은 스네어와 킥이 겹쳐져있으며, 킥은 오른발 리드로 밟는다.

92-01 » 마이크 포트노이 스타일의 고속연타

Tempo 120   Number 408

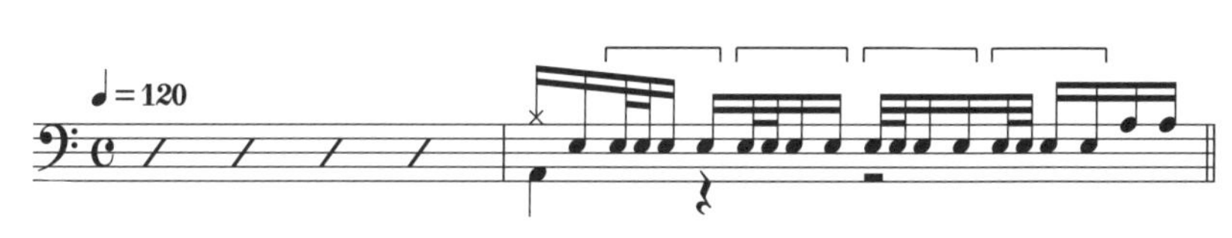

메탈 계열 음악에서 많이 사용하는 고속연타형 필인이다. 모두 얼터네이트 싱글 스트로크로 호쾌한 스피드감을 내는 것이 마이크 포트노이 스타일이다. 이것은 '4스트로크 롤'이라 불리는 32분음 '타카탕탕' 프레이즈다.

92-02 » 마이크 포트노이 스타일의 투베이스 여섯잇단음 연타

Tempo 120   Number 409

RLRL의 손과 RL의 투베이스 콤비네이션에 의한 여섯잇단음 연속 어프로치다. 메탈 계열의 일반적인 고속 수법으로, 투베이스 드러머들이 매우 좋아하는 패턴이다. 오른손만 박마다 이동시키는 것이 특징이다.

93-01 » 크리스 애들러 스타일의 셋잇단음 메탈 패턴

Tempo 140   Number 410

셋잇단음에 의한 메탈 계열 그루브의 필인이다. 음형태를 보면 모티베이팅이 되었다는 것을 알 수 있다. 포인트는 얼터네이트 순서에 따른 이동으로, 오른손부터 매끄럽게 이동하는 형태다. 결과적으로 박을 걸쳐서 이동한다.

93-02 » 크리스 애들러 스타일의 투베이스 연타

Tempo 200   Number 411

램 오브 갓의 드러머인 크리스 애들러 특유의 투베이스 연타. 왼손 리드인 것도 특징이다. 이 순서에 의해 스네어에서 플로어 탐으로의 연타가 가능하다. 투베이스는 오른발 리드이므로 고속에서 밸런스 잡기가 어려울 것이다.

94-01 » 비니 콜라이우타 스타일의 셋잇단음 4개로 나누기　　Tempo 120　Number 412

폴리리듬을 잘 연주하는 비니 콜라이우타다운 필인으로, 셋잇단음 4개로 나눈 어프로치다. 크래시로 연결되는 프레이즈가 '타카탕' 음형태, 즉 16분음처럼 들리는 패턴이다.

94-02 » 비니 콜라이우타 스타일의 16분음 5개로 나누기　　Tempo 100　Number 413

홀수로 나누는 수법에 의한 패턴으로, 16분음 5개로 나누는 리듬이 사용되었다. 크래시로 연결되는 형태가 94-01와 같기 때문에 크래시를 넣은 어프로치라 할 수 있지만, 프레이즈가 트리키해서 임팩트가 강하게 남는다.

총정리

좋아해야만 잘할 수 있다! 좋아하는 드러머를 흉내내자

'명드러머 브랜드 프레이즈'에는 각 드러머의 특징이 잘 드러난다. 때문에 이 책의 모범연주 동영상에서는 각각의 드러머 프레이즈 느낌을 더욱 잘 전달하기 위해 사운드와 세트도 가능한 비슷하게 재현하려고 했다. 템포와 리듬 패턴도 필인이 사용되는 상황에 가까운 것을 사용했다. 따라서 각각의 드러머를 잘 아는 사람이라면 어떤 드러머 스타일인지 바로 알 수도 있을 것이다.

제6장에는 제1~5장에서 설명한 어프로치를 따르지 않은 프레이징도 있다. 하지만 프레이즈를 선별한 후에 해석해보니 제1~5장의 내용과 잘 맞아떨어지는 부분이 많아 나도 놀랐다. 물론 각각

의 필인 프레이즈 모두가 개성적이어서 들어보면 누구의 프레이즈인지 알 수 있는 경우가 많지만, 반면에 필인의 요소 중에는 공통된 부분이 많다. 중요한 것은 이것들이 어떠한 정해진 어프로치를 따른 프레이즈의 아이디어이며, 내 나름대로 획기적인 필인 어프로치를 만들어낸 것이 아니라는 점이다.

악보로 보면 같은 프레이즈라도 연주하는 사람에 따라서 프레이즈 느낌이 달라진다. 자기 나름의 표현이라는 것은 프레이즈는 물론이고 터치와 사운드, 다이내믹스가 모두 합쳐져서 만들어진다. 유명 드러머의 필인을 카피하려고 해도 똑같은 연주가 되지 않는 경험을 많은

사람들이 해봤을 것이다. 프레이징을 이해하고 있더라도 실제로 연주해보면 느낌이 다른 것이다. 이것은 어떤 악기든 마찬가지이다. 반대의 경우도 있다. 어떤 드러머의 악기와 연주방법을 연구하고 흉내 내면, 약간 다른 프레이즈라도 그 드러머의 필링으로 연주할 수 있게 된다. '좋아해야만 잘할 수 있다'는 격언 그대로다. 필인은 악보만이 아닌, 필링도 챙겨야 한다.

이 책을 통해 길이에 따라 다양한 필인 수법이 있다는 것을 이해했을 것이다. 당연히 세상 모든 필인을 이 책에서 소개한 수법만으로는 설명할 수는 없지만, 필인 베리에이션을 늘리는 데에는 힌트가 될 수 있을 것이다. 평소에 자신이 사용하고 있는 필인이나 카피하려고 하는 곡의 필인을 이 책의 어프로치와 비교하며 해석해보는 것도 좋을 것이다. 약간 억지스럽더라도 '이 프레이즈는 ○△□형 패턴'과 같이 분류할 수 있게 되면 필인의 실력도 크게 향상될 것이다. 이 책과 같은 음형태의 프레이즈라도 드래그, 스네어의 고스트 노트 등을 추가하면 매력적인 프레이즈로 변신할 것이다. 필인 프레이징의 본질을 꿰뚫어볼 수 있다면 나머지는 어떤 맛을 줄 것인가가 남는다.

최근에는 필인도 고속화, 다양화되어 테크니컬한 요소가 많이 담겨있다. 필인 해석력을 익혀두면 언뜻 보기에는 어떻게 연주하고 있는지 알기 힘든 프레이즈라도 서서히 어프로치의 본질을 알아볼 수 있게 될 것이다. '필인의 달인'을 목표로 열심히 연습하자!

Photo : Rhythm & Drums Magazine

저자 프로필 PROFILE

스가누마 미치아키 *(Michiaki Suganuma)*

1963년 나가노현 출생. 고등학교 시절에 빌리 코범, 엘빈 존스 등의 영향을 받아 드럼을 시작했다. 대학졸업 후 프로활동을 시작해 다양한 장르의 세션을 경험했다. 타나베 요이치가 이끄는 'SPY' 세션 참가 후, 1992년에 록 그룹 '엘레강트 펑크'로 메이저 데뷔, 타나베가 리더인 퓨전 그룹 'PARADOX'에서 활동했다. 야마구치 마부미 그룹, 데이빗 가필드, 전 Barbee Boys의 KONTA, 전 프랭크 자파 밴드의 마이크 케닐리 등과도 공연을 했다. 인스트루먼트 트리오 '루*시로우(le*silo)'를 결성한 후 지금까지 활동을 이어가고 있다. 한편으로는 경이로운 분석력으로 <리듬 & 드럼 매거진>(일본, Rittor-Music)에서 오랫동안 집필활동을 하고 있다. 저서로는 <4WAY 엑서사이즈로 연주할 수 있는 초절정 드럼 패턴~좌우 손발이 자유자재로 움직인다!>와 스가누마 코조와 공저한 <하이테크 드럼 강좌>(모두 Rittor-Music 발간)가 출간되었다.

드럼 필인 대사전 413

New Edition

2024년 1월 1일 초판 1쇄 발행

지은이 | 스가누마 미치아키 *Michiaki Suganuma*
펴낸이 | 하성훈
펴낸곳 | 서울음악출판사
주소 | 서울시 서초구 반포대로 22길 85 에덴빌딩 3층
인터넷 홈페이지 | www.srmusic.co.kr
등록번호 | 제2001-000299호·**등록일자** | 2001년 4월 26일

DRUM FILL-IN DAIJITEN 413 New Edition
© 2023 Michiaki Suganuma
All rights reserved.
Original edition published in Japanese by Rittor Music, Inc.

값 18,000원
ISBN 979-11-6750-129-5

※ 잘못 만들어진 책은 구입처에서 교환해드립니다.